KB059696

한기호의 다독다독

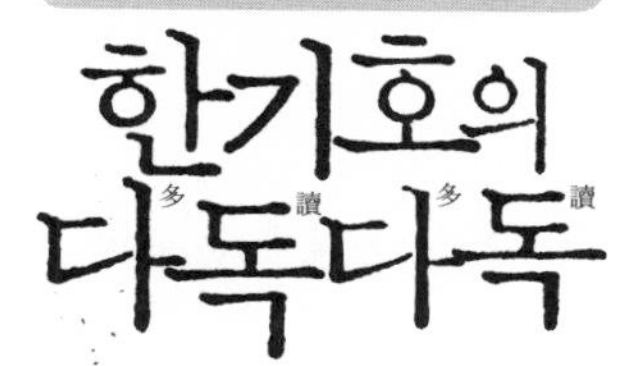

한기호 지음

북바이북

서문

오감의 책읽기

사마천의 『사기史記』를 26년 동안 연구해온 저술가 김영수는 5,000년 중국 역사를 만든 현자들이 어떻게 공부했는가를 정리한 『현자들의 평생 공부법』(역사의아침)을 펴냈습니다. 이 책은 『사기』 속의 현자들인 소진, 손빈, 장량, 이사, 편작, 사마상여, 항우, 주매신 등과 공자, 맹자, 사마천, 제갈량, 한유, 주희, 고염무, 정섭, 노신, 모택동 등 10인의 공부법을 설명합니다.

현자들의 공부법의 공통점은 두 말할 필요 없이 책을 읽는 것입니다. 책이란 "자기 힘으로 세상을 헤쳐 나가고 세상을 좀더 나은 쪽으로 이끄는 데 가장 필요하고 유용한, 인류가 남긴 최고의 유산"이며 독서는 "인간의 다양한 문화 행위 중 가장 기본적이면서 가장 고차원적인 것"이니까요.

제가 『현자들의 평생 공부법』에서 가장 재미있게 본 개념은 '무자서無字書'와 '유자서有字書'입니다. '유자서'란 당연히 책을 말하고, "글자가 없는 책"인 '무자서'란 "여행이나 현장 학습, 나아가 사회 체험"을 뜻합니다. 청나라 때 문학가 요연寥燕, 1644-1705이 "글자 없는 무자서란 천지만물"이라면서 '책벌레'식 공부법을 죽은 독서, 죽은 책 읽기라며 반대했다는 데서 연유한 개념입니다. "실질적 경험을 통해 인간사와 만물의 이치를 깨우치고 나아가 자연계와 사회에 존재하는 실제 지식을 체득하라"는 의미에서 "생활이야말로 가장 풍부한 책"이라고 저자는 설명하고 있습니다.

그런 면에서 이 책에 등장하는 현인 중에 지금의 시대에도 가장 통할 수 있는 독서를 한 이는 명말청초 위기의 시대를 대표하는 개혁적 계몽사상가인 고염무顧炎武, 1613-1682가 아닐까 싶습니다. 그는 "만 권의 책을 읽고, 만 리 길을 다녀라(讀書萬卷 行萬里路)"는 명언을 남겼습니다. 그가 "책을 통한 지식과 여행을 통한 실제 경험을 병행할 때 진정한 독서인이 될 수 있다"는 이야기를 했다는 것에서 "책에 파묻혀 죽은 지식을 파는 지식인이 아니라 현실을 정확하게 인식해 남에게 도움을 줄 수 있는 실질적 공부의 단계에 오를 수 있는 지식인"을 갈망했다는 것을 확인할 수 있습니다.

"사람이 무언가를 배운다고 하면서 하루 나아가지 못하면 하루 뒤처지는 것이다. 친구도 없이 혼자 공부만 파는 것은 고루할 뿐만 아니라 성과를 내기도 어렵다. 한쪽에만 오래 치우쳐 있으면 거기에 물들어 깨닫지 못하게 된다. … 집 밖에 나가지 않고 책도 읽지 않는 사람은 벽창호 선비다"라고 말하기도 한 고염무는 과거제의 폐단에 대해 신랄한 비판을 가했다고 합니다. 그가 만약 살아 있다면 시험성적만으로 사람의 능력을 평가하는 작금의 풍토에 어떤 질책을 가할 지가 눈에 선합니다. 그가 "혼자 공부만 파는 것은 고루"하다고 말한 것은 함께 책을 읽으라고 강조한 것이 아닐까요. 공독共讀의 역사야말로 학문의 역사이지 않나요.

"다양한 분야의 책을 읽고 천하를 주유하라"고 권유하던 고염무는 스스로 '공부의 감독'이 되어서(이를 '자독독서自督讀書'라 했습니다) 매일 읽어야 할 책의 권수를 스스로 규정했습니다. 그리고 매일 다 읽은 후 읽은 책을 한 번 베껴 썼습니다. 또 책 한 권을 읽을 때마다 독서일기라 할 수 있는 '찰기札記'를 썼습니다. 고염무는 이 찰기를 30년 이상 쉬지 않고 썼습니다. 이것을 정리한 것이 『일지록日知錄』 32권입니다. 『일지록』의 내용은 정치, 경제, 군사, 교육, 과학기술, 철학, 종교, 역사, 법률, 경학, 문학, 예술, 언어, 문자, 제도, 천문지리 등 고금의 모든 학문 영역을 망라하고 있어 그가 얼마나 폭넓은 독서를 했는가를 알 수 있습니다.

인간의 독서행위는 '음독音讀'에서 '묵독默讀'으로 바뀌었습니다. 중세의 수도사들은 반추동물인 소에 비유될 정도로 텍스트를 천천히 소리 내어 읽고는 몇 번이나 음미했습니다. 그러다가 활판 인쇄술이 발명되어 책을 집으로 가져갈 수 있게 되면서 혼자서 묵묵히 읽는 묵독이 일반화되었습니다. 묵독은 다시 '집중형 독서'에서 '분산형 독서'로 바뀌었습니다. 납활자가 발명된 초기에는 한 권의 책을 완전히 익힐 때까지 반복해서 읽는 '집중형 독서'가 일반적이었습니다. 과거 서당에서의 책읽기처럼 말입니다.

산업혁명이 시작된 18세기는 문예부흥기로 신간이 쏟아지며 대단한 독서 열풍을 몰고 왔습니다. 뉴스페이퍼(신문)가 새로 등장하는 등 날마다 새 텍스트가 대거 등장하자 사람들은 한 권의 책을 읽자마자 바로 다음 책으로 옮겨가며 신속하고 탐욕스레 읽어댔습니다. 이를 우리는 '분산형 독서'라 부릅니다.

디지털 시대의 독서를 무엇이라 불러야 할까요. 저는 인간이 궁금한 것이 생길 때마다 검색부터 하는 것을 감안해 '검색형 독서'라 이름 지었습니다. 이것이 바로 정보기술(IT) 혁명입니다. 인간이 손가락 하나로 검색을 통해 인류가 생산한 모든 지식을 즐기기 시작한 것, 그것이 IT 혁명의 모든 것이라고 할 수 있습니다. 이제 우리는 손 안의 컴퓨터인 스마트폰으로 언제 어디서든 검색을 즐깁니다. 과거에 '읽기'와 '쓰기'는 연동되어 있었지만 대중저널리즘 시대가 되면서 소수가 쓰고 다수가 읽는 시대가 정착되었습니다. 그러다가 블로그가 등장하면서 읽기와 쓰기가 본래 지니고 있던 순환적 관계가 재발견되었습니다.

스마트폰과 스마트패드(태블릿 PC)가 상용화되면서부터는 즉각적인 글쓰기가 가능해져 누구나 무언가를 쓰는 시대가 완벽하게 부활하고 있습니다. 이제 누구나 휴대전화 문자나 이메일, 트위터와 페이스북 등에다 무엇이든 잘 써야만 합니다. 개인이 기업에서 도태되지 않기 위해서는 기획서 한 장이라도 잘 써야 합니다. 소셜미디어에서 좋은 글을 쓴 사람은 종종 '메이저리그 스타'가 되기도 합니다. 이제 글쓰기는 인간이 생존하기 위한 필수 전략이 되었습니다.

그렇다면 어떤 글을 써야 할까요. 인류가 생산한 지식을 무조건 많이 기억해야 했던 시대에는 지식체계를 확실하게 잡아 교과서적으로 잘 정리해주는 사람들이 지식인으로 대접받았습니다. 헤겔이 '미네르바의 부엉이는 황혼녘에 난다'고 하지 않았나요. 질서정연한 뉴턴적 세계에서는 사건이 완전히 종결되고 그에 대한 지식이 체계화된 다음에 문자로 기록하는 것, 즉 '황혼의 글쓰기'가 일반적이었습니다. 대표적인 것이 '교과서'입니다.

그러나 세계가 하나의 네트워크로 연결된 지금은 누구나

알아야 할 교과서적 지식은 인터넷에서 쉽게 검색할 수 있습니다. 따라서 정보의 저장이나 보관 능력은 장점이 되지 못합니다. 기하급수적으로 늘어나는 정보의 가치나 의미를 즉각 판단하는 능력이 중요합니다. 이제 인간은 새로운 사건이 발생할 때마다 자신의 생각을 즉각 글로 써낼 수 있어야 합니다. 창조적 에너지와 카오스의 모태를 잘 결합해서 새로운 문화적 통찰력을 보여주는 '대낮의 글쓰기'를 잘 할 수 있어야 합니다.

'대낮의 글쓰기'를 통해 새롭게 생성된 지식은 달리 표현하면 인류학자인 레비-스트로스가 말한 '브리콜라주 bricolage적인 지식'입니다. 이제 인간은 무수하게 접하는 정보들 중에서 불필요한 지식은 버리고 필요한 것만을 연결 지어 새로운 지식을 만들어내는 능력을 갖추어야 합니다. 되도록 많은 지식을 머릿속에 저장해 보관하던 시대가 가고 꼭 필요한 지식만 남겨놓고 나머지를 삭제해야 하는 망각의 시대가 왔습니다. 간단하게 말해 '저장'의 시대에서 '망각'의 시대로 바뀐 것입니다. 컴퓨터는 기억과 재생의 능력에서는 인간을 압도하지만 선택지적 망각은 할 수 없습니다. 그것은 인간만이 할 수 있는 능력입니다.

개인이 블로그나 페이스북 등 소셜미디어에 쓴 글은 누

구나 즉각 읽어볼 수 있습니다. 이것은 과거에 종이책이 '출판'되는 것이나 다름없습니다. 따라서 읽기와 쓰기는 다시 출판과도 연동됩니다. 미디어학자인 하세가와 하지메長谷川一는 이런 형태의 출판을 기존의 출판Publishing과 구별하기 위해 '퍼블리킹PUBLICing'으로 부르자고 제안한 바 있습니다.

이제 누구나 책을 쓸 수 있는 시대가 되었습니다. 책은 저자의 인격을 반영합니다. 달리 말하면 저자의 포트폴리오라 할 것입니다. 지금 우리는 '100세' 시대에 살고 있습니다. 하지만 미래학자들은 인간이 120세까지 일하는 날이 곧 도래하고 일생에 여덟 번 직업을 바꿀 수 있다고 예견합니다. 그러니 이제 인간에게는 한 번의 직업 선택이 중요한 게 아니라 어떤 직업을 선택해도 성공할 수 있는 준비된 나, 즉 '역량'을 갖춘 나가 필요합니다.

진정한 역량을 갖춘 사람은 자신의 책을 펴낸 사람이라 할 수 있습니다. 책을 쓰는 능력이란 그리 대단한 것이 아닙니다. 고염무식 독서법을 실천한다면 누구든 책을 써낼 수 있을 것입니다. 천하를 주유하면서 다양한 책을 읽는 습관을 갖추고 독서일기인 '찰기'를 나날이 쓰는 것으로 족하지 않을까요. 저도 책을 읽은 다음에는 제 블로그에 제 나름의 '찰기'를 거의 날마다 올리고 있습니다.

책에는 자신만의 경험이 잘 녹아들어야 합니다. 영상시대는 달리 말하면 시청각의 시대, 즉 시각문화와 청각문화가 공존하는 시대입니다. 문제의 핵심을 담은 사진이나 이미지를 되도록 많이 확보하는 것은 시각문화 시대를 사는 이가 갖추어야 할 가장 기본적인 미덕입니다. 청각문화가 발달하려면 말하는 이와 듣는 이가 눈높이를 맞출 수 있어야 합니다. 눈높이를 맞추려면 상대와 공감할 수 있는 팩트fact를 되도록 많이 제시해야 합니다. 경험에서 우러나온 구체적인 사례 말입니다. 그것은 보통 '사람' '사물' '사건'의 형태로 드러납니다.

저는 출판평론가가 직업인지라 많은 책을 대합니다. 출판사에서 보내주는 수백 권의 책이 매주 도착합니다. 그 책을 일별이라도 해야 하는 저는 책에 파묻혀 산다고 할 수 있습니다. 심지어 일주일에 20여 권의 책을 완독하고 글을 써야 하는 경우도 종종 발생합니다. 단순히 한 권 한 권을 읽는 것이 아니라 여러 책에서 함께 나타나는 '이야기'들을 찾아내고 그것을 일상의 체험과 연결해 세상의 흐름을 찾아내려고 노력합니다.

『한기호의 다독다독多讀多讀』은 바로 그런 노력의 편린들입니다. 달리 말하면 제가 디지털 시대에 맞는 독서를 하며 브리콜라주적인 지식을 생산하려고 노력한 흔적입니다. 이 책에 실린 글들은 2010년 11월부터 최근까지 약 3년 동안 〈경향신문〉에 연재한 '한기호의 다독다독' 칼럼을 모은 것입니다.

저는 책으로 세상의 흐름을 읽고자 노력합니다. 책에는 세상 모든 일에 대한 답을 구할 수 있는 상상력이 담겨 있습니다. 베스트셀러를 놓고 벌인 질적인 논쟁 혹은 가치 논쟁이 한순간도 사라진 적이 없지만 우리는 베스트셀러를 통해 당대 독자의 욕망을 읽어낼 수 있습니다. 그 욕망의 흐름을 통해 미래를 예측할 수도 있습니다.

저는 신문 칼럼만을 모아 책을 펴낸 적이 없습니다. 서평도 참으로 많이 썼지만 책으로 묶은 적이 없습니다. 이 책은 제가 칼럼을 한 권의 책으로 묶어낸 첫 책입니다. 시의성이 있게 쓴 칼럼들을 모아 책으로 펴낸다는 것이 부끄러워 동료 평론가인 장동석 형에게 한 번 읽어줄 것을 부탁했습니다. 그는 중구난방 모든 문제를 건드린 칼럼들을 오감, 즉 관觀-책의 눈으로 세상을 '보다', 독讀-책으로 세상을 '읽다', 감感-책, 감동의 순간을 '느끼다', 락樂-책과 더불어 '놀다', 창創-책, 상상력의 세계를 '펼치다' 등 5부로 잘 나눠주었습니다. 장 형의 '편집' 덕분에 그나마 글들이 어느 정도 가닥이 잡힌 것 같아 참으로 다행입니다.

인간은 스마트기기로 무언가를 열심히 읽고 있습니다.

이런 것까지 독서에 포함시킬 수 있을 것인가에 대해서는 논란이 없지 않지만, 그런 행위마저도 독서로 인정한다면 지금은 독서의 '소외'가 아니라 독서의 '범람'이라고 해야 할 것입니다. 우리는 스마트 기기로 텍스트만 읽는 것이 아니라 만화, 게임, 애니메이션, 영화, 뮤직비디오 등 무엇이든 즐기고 있습니다. 이제 스마트기기를 통해 다양한 정보를 소비하는 호모스마트쿠스는 '브리콜라주적인 지식'을 담은 책을 펴낼 수 있어야 진정한 경쟁력을 갖출 수 있습니다. 앞에서 말한 '역량' 말입니다. 이 책이 그런 노력을 하는 분들에게 약간의 참고라도 되었으면 하는 심정으로 부족한 책을 내놓습니다.

이제 개인은 스스로 살아남을 수 있는 역량을 키워야 합니다. 그런 능력은 시험 성적이 아무리 높아도 키워지지 않습니다. 어려서부터 학교에서 아이들이 함께 책을 읽으며 토론하면서 키워야 합니다. 그러나 학교는 아직 암기능력 위주로 평가하고 있습니다. 이제 학교에 다양한 신간을 갖춰놓고 학생이 함께 놀 수 있는 놀이터부터 만들어야 합니다. 학교도서관 말입니다. 그리고 사서교사들은 학과교사들과 협력해 이런 능력을 키울 수 있도록 도와줘야 합니다. 그렇지 않고는 개인이나 대한민국은 미래가 없습니다. 저는 이 명명백백한 사실을 강조하기 위해 월간 〈학교도서관저널〉을 4년째 주도해 펴내고 있습니다. 그런 시스템부터 하루 빨리 만들어지도록 모두가 나서주셨으면 고맙겠습니다.

이 책을 펴내면서 지면을 제공해주신 〈경향신문〉 임직원 모두에게, 특히 담당자로 3년 동안 저를 독려해주신 김후남 여론독자부장에게 감사드립니다. 그리고 어려운 형편에도 묵묵히 일해주는 한국출판마케팅연구소와 학교도서관저널 직원 모두에게 언제나 사랑한다는 말을 전하고 싶습니다.

2013년 11월

한기호

차

례

독(讀)–책으로 세상을 '읽다'

감(感)–책, 감동의 순간을 '느끼다'

락(樂)—책과 더불어 '놀다'

창(創)—책, 상상력의 세계를 '펼치다'

관(觀)－책의 눈으로 세상을 '보다'

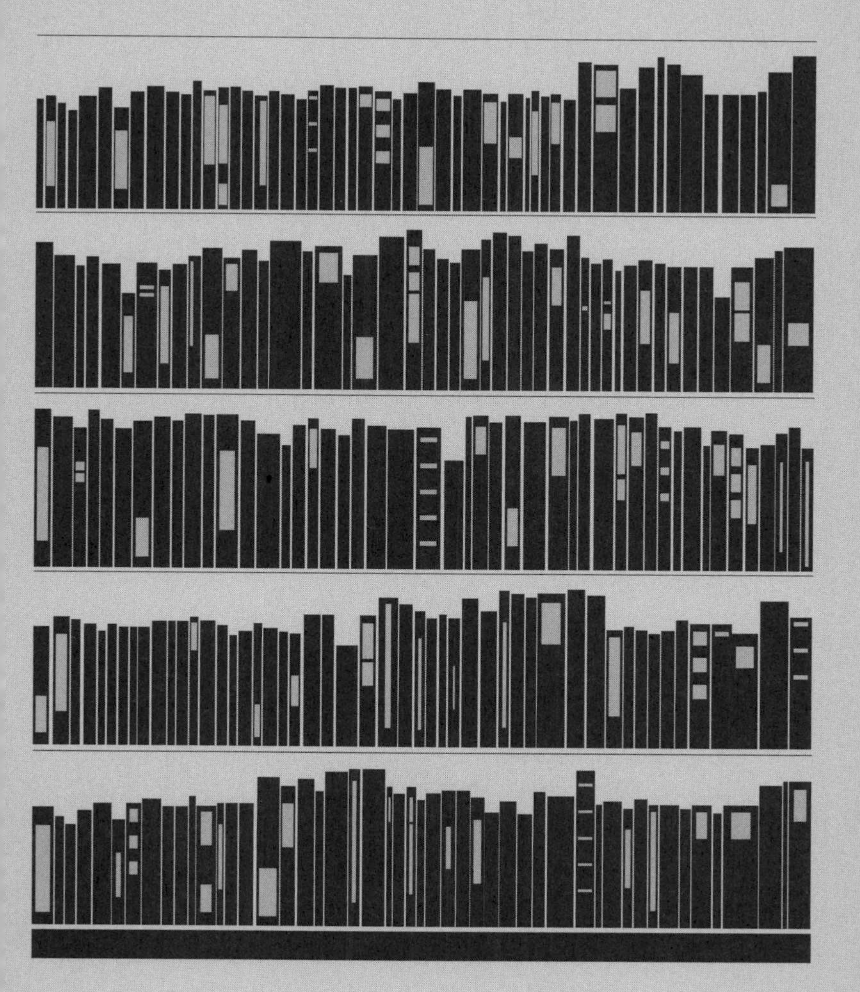

'완벽한 싱글'과 함께 사는 생활

데카르트, 뉴턴, 로크, 파스칼, 스피노자, 칸트, 라이프니츠, 쇼펜하우어, 니체, 키에르케고르, 비트겐슈타인 등의 공통점은 단 한 가지. 모두 평생 결혼하지 않고 독신으로 살며 '의도된 고독'의 길을 걸었기에 위대한 족적을 남긴 철학자들입니다.

사회학자인 노명우 아주대 교수는 『혼자 산다는 것에 대하여』(사월의책)에서 이 같은 사실을 적시하고는 "이들의 위대함은 결혼에 대한 거부가 아니라 혼자 있는 것을 두려워하지 않았던 용기, 그리고 그들이 가졌던 의도된 고독인 '흰 고독'의 순간 때문"이라고 했습니다. 노 교수는 "리얼리티가 없기에 일장춘몽에 불과한 '화려한 싱글'과 판타지가 없이 고독사에 떨고 있는 '독거노인'이라는 양 극단 사이에" 서 있는 다양한 혼자만의 삶을 조명하고 있습니다.

이 시대 사람들이 모두 철학자가 되고자 하는 것은 아닐

진대 1인 가구는 급증하고 있습니다. 행복지수가 높은 스웨덴, 노르웨이, 핀란드, 덴마크 등 스칸디나비아 국가의 1인 가구는 전체 가구의 40퍼센트에 달합니다. 서울시에서 혼자 사는 1인 가구는 1980년 8만 2477가구에서 2010년 85만 4606가구로 30년 만에 10배 이상 증가했습니다. 우리나라 전체로 보면 2012년 기준 1인 가구는 453만 가구로 전체의 25.3퍼센트입니다.

1인 가구 증가의 원인으로 개인의 부상, 여성의 지위향상, 도시의 성장, 통신기술의 발달, 생활 주기의 확장 등을 제시한 노 교수는 "1인 가구의 증가는 흑사병처럼 퍼져 나가는 독신 풍조의 확산을 의미하지도, 인구 감소로 인한 사회 몰락의 징조도 아니"며 "이타주의의 몰락이 아니라 우리가 너무나 익숙해져 있던 가정중심성이 약화되는 징후에 불과"하다고 주장합니다. 노 교수는 미혼, 비혼, 만혼, 이혼 등의 옆에다 독립, 자율, 권능, 홀로서기 등의 긍정성을 강조한 단어를 연결합니다.

노 교수가 지적한 바대로 우리 사회는 개인이 삶의 양식을 선택할 수 있는 자유가 확대되면서 혼자 사는 상황에 노출될 가능성이 누구에게나 열려 있습니다. 혼자 산다는 것은 단순히 결혼하지 않은 노총각 노처녀의 문제가 아니라 "우리에게 익숙한 모든 것을 다시 생각해야 한다는 필요성을 그 어느 때보다 강력하게 요구하는 보편적인 미래의 문제"입니다.

『완벽한 싱글』(김용섭, 부키)은 "혼자 살든 결혼해서 살든 단순히 혼자라는 의미를 넘어 스스로 사회적, 경제적 독립성을 유지하며 자유를 지향하는 이들"입니다. 결혼은 하되 완벽한 싱글의 라이프스타일을 유지하는 부부를 '코시스(CoSis=Couple+Single)'로 부른다네요. '완벽한 싱글'은 결혼을 해도 싱글 라이프의 독립성이란 핵심 요소를 유지하며, 외벌이일지라도 아이를 낳지 않거나 수입과 지출을 나눠 '경제적 싱글'로 사는 등 자녀와 배우자보다 자신의 행복을 더 중요시한다고 합니다.

누구나 혼자는 두렵습니다. 더구나 불안정한 고용이 증가하고 장기불황이 진행되면서 타인과 함께 사는 젊은이들이 늘어나고 있습니다. 『셰어하우스』(구보타 히로유키, 클)는 다수가 한집에 살면서 침실 같은 개인적인 공간은 따로 사용하고, 거실과 화장실, 주방 등은 함께 사용하며, 방세와 전기요금 같은 생활비를 함께 부담하는 생활방식입니다.

구보타 히로유키는 "'자유'를 타인과의 대화 속에서 자신을 인정받는 것이라 한다면, '자립'을 정도껏 타인에게 의지할 수 있는 것이라 한다면, '친밀감'을 함께 생활하면서 상대에게 느끼는 경애의 마음이라고 한다면, 그것들은 가족을 포함한 타인과 함께 사는 생활에서만 존재할 것이다. 그런 의미에서 타인과의 삶은 혼자 사는 것보다, 가족과 사는 것보다, 훨씬 자유롭고 자립할 수 있고, 친밀한 것이 될 가능성을 내포하고 있지 않을까"라고 말하며 셰어 생활이 필요한 이유를 '자유'와 '자립', '친밀감'의 관점에서 접근합니다.

2000년대 초만 해도 젊은이들은 원룸과 같은 '나만의 공간'에서 독립해 사는 것을 즐겼지만 이제는 '나 혼자'보다는 '공유'의 가치를 중요시하는 사람이 늘어나고 있습니다. 일본에서는 건물 외벽에 암벽등반 시설이 설치되어 있는 '텐트먼트 셰어하우스', 베이비시터를 공동으로 이용하는 공동 육아와 서로 육아 품앗이를 하는 '싱글맘 전용 셰어하우스', 연주자나 음악가를 위해 방음시설을 갖춘 '음악가 셰어하우스' 등 취미와 라이프스타일을 함께하는 사람들이 더불어 사는 특화된 '셰어하우스'도 늘어나고 있답니다.

다양한 연령의 사람들이 각자의 생활공간을 유지하며 정기모임과 공동식사, 그룹 활동 같은 자율적인 소통을 통해 고립에 대한 불안감, 가사와 육아 문제에 대한 걱정 등을 해소하는 『컬렉티브하우스』(고야베 이쿠코 외, 클)도 '제3의 주거'로 각광받고 있습니다.

노 교수는 "혼자서 해야만 하는 것과 혼자서는 할 수 없는 것"이 조화를 이룰 때 우리의 삶은 만족스러울 것이라고 말합니다. '홀로서기'에 성공한 사람들이 네트워크(연대)로 이어진 사회가 바람직하다는 것이지요. '완벽한 싱글'의 부부나 '셰어하우스'와 '컬렉티브하우스'는 그런 연대의 모습이 아닐까요? 김용섭은 역사상 가장 강력한 싱글들이 몰려오고 있다고 말합니다. 이제 개인은 우주공간이라는 퍼즐에서 '나'라는 존재의 위치부터 찾아야 하는 시대인 것만은 분명한 것 같습니다. 곧 '가족'이라는 단어가 사전에서 사라지지 않을까요?

2013. 11. 5

북유럽 스타일의 매혹

요즘 출판계의 뜨거운 키워드가 '북유럽'이라고 합니다. 먼저 교육 하면 핀란드입니다. 교육계에 핀란드 열풍을 불러온 계기가 된 책은 2008년 국내에 소개된 후쿠타 세이지의 『핀란드 교육의 성공』(북스힐)입니다. 핀란드 교육의 무엇이 우리에게 감동을 주었을까요? 후쿠타는 이렇게 이야기합니다. "개인의 능력 차이는 물론 인정한다. 그러나 아이의 성장에 영향을 주는 사회적·경제적 배경의 차이는 어떻게 해서든 없애려고 한다. 그리고 아이들 한 사람 한 사람을 사회가 확실하게 받아들이고 있다. 이런 사회가 바로 핀란드다."

복지도 북유럽입니다. 유엔이 156개 국가를 대상으로 국민 행복도를 조사해 발표한 '2013 세계행복보고서'를 보면 덴마크가 1위, 노르웨이가 2위, 네덜란드가 4위, 스웨덴이 5위, 핀란드가 7위로 북유럽이 상위를 휩쓸었습니다. 이러니 문화, 라이프 스타일, 육아, 여행, 교육, 인테리어, 가구 등도 북유럽이 '방방' 뜨고 있습니다.

소설도 마찬가지입니다. 아마 국내에서 그래도 웬만큼 팔렸다는 북유럽 소설로는 덴마크 작가 페터 회의 『스밀라의 눈에 대한 감각』(마음산책)이 처음 아닐까 싶습니다. 요즘 북유럽 소설의 인기가 심상치 않습니다. 인구 900만의 나라 스웨덴에서 100만 부 이상 팔린 요나스 요나손의 『창문 넘어 도망친 100세 노인』(열린책들)은 벌써 제목만큼이나 대단한 화제를 모으고 있습니다. 네덜란드 국민작가로 일컬어지는 헤르만 코흐의 『디너』(은행나무)와 노르웨이 국민작가 요 뇌스베의 『스노우맨』(비채)도 국내에서 큰 인기를 끈 북유럽 소설입니다. 세 소설 모두 흡인력이 정말 대단합니다.

『창문 넘어 도망친 100세 노인』은 젊은 시절에 프랑코, 트루먼, 마오쩌둥, 스탈린, 김일성과 김정일 등을 만나 격동의 현대사를 바꿨다고 주장하는 알란 칼손이 자신의 100세 축하 파티가 열리기 한 시간 전에 양로원을 탈출한 뒤에 이어지는 대책 없는 도피행각을 그린 소설입니다. 탈출한 그가 처음 다다른 버스터미널에서 한 갱단의 돈가방을 우연찮게 손에 넣게 됨으로써 그의 파란만장한 인생의 2막이 시작됩니다.

폭약 전문가로 원자탄을 만드는 데 결정적인 아이디어를 제공한 경험이 있는 알란은 99세에 닭을 괴롭히는 여우를 잡으려고 폭탄을 설치했다가 집을 송두리째 날려버립니다. 사건이 나자 한 시간도 안 되어 현장에 나타난 사회복지사 헨리크 쇠데르는 졸지에 오갈 데 없는 신세가 된 노인 알란을 시 예산으로 시내 중심가의 호텔에 잡아두었다가 일주일 만에 말름셰핑 양로원으로 데려다 줍니다. 흡연과 음주를 금지하고 지켜야 할 각종 규칙이 많아 결국 알란이 탈출할 수밖에 없었지만 이런 사회적 시스템이 부럽지 않나요?

차기 수상(총리)이 유력한 정치인 형과 전직 역사교사인 동생의 부부가 고급 레스토랑에서 만나 서양의 정찬요리를 먹는 순서, 즉 아페리티프, 애피타이저, 메인 요리, 디저트, 소화제, 팁의 순서로 전개되는 『디너』는 처음에는 일상적인 대화가 오가며 다소 느슨하게 전개됩니다. 그러나 두 부부의 아들이자 열다섯 살짜리 동갑내기 사촌 형제가 벌인 노숙자 살인사건의 현장을 촬영한 동영상이 TV는 물론 인터넷에까지 퍼지고 있다는 사실이 공개되면서 소설은 격랑 속으로 빠져듭니다.

불행 중 다행인 것은 범인이 누구인지는 그들 외에는 아직 아무도 모른다는 것입니다. 이들 형제는 과연 어떤 선택을 할까요? 이것만은 분명하게 말할 수 있겠네요. 어머니의 자식에 대한 맹목적인 사랑은 한국보다 결코 덜하지 않다는 것 말입니다. 봉준호 감독의 영화 〈마더〉 속의 어머니 이상의 어머니가 이 소설에 등장합니다. 소설의 화자인 동생은 외국인들이 네덜란드 하면 제일 먼저 떠올리는 것이 렘브란트나 빈센트 반 고흐 같은 화가이며, "국제적인 명성을 얻은 유일한 네덜란드 사람은 안네 프랭크"라고 말합니다. 한국에서 가장 인기가 많은 화가가 반 고흐이고, 가장 많이 팔린 일기가 『안네의 일기』인 것이 결코 우연만은 아닌 것 같지 않나요?

『스노우맨』은 오슬로 경찰청 최고의 형사인 해리 홀레 반장이 노르웨이 첫 연쇄살인범을 쫓는 이야기입니다. 첫눈이 올 때마다 아이가 있는 여자들이 살해되거나 사라집니다. 현장에는 어김없이 집 안을 들여다보는 눈사람이 등장합니다. 스칸디나비아의 냉혹한 겨울만큼이나 범인 '스노우맨'의 차가운 살인이 계속되고 경찰이 추정한 범인이 자꾸 바뀌는 바람에 독자는 미혹에서 헤어나기 어렵습니다.

해리는 타고난 워커홀릭에다 알코올홀릭입니다. 범인은 심각한 정신질환자입니다. 소설이 파국에 이른 지점에서 범인은 해리에게 이렇게 말합니다. "우리가 같은 일을 했다는 사실. 병균과 싸우는 일. 하지만 너와 내가 싸우는 병균은 절대 박멸되지 않아. 우리가 거두는 모든 승리는 일시적이지. 따라서 우리 일생의 과업은 싸움 그 자체야."

『스노우맨』은 선과 악을 이분법으로 나누지 않습니다. 어린 시절에 겪은 우연한 아픔을 평생 짊어지게 된 인간들이 가해자나 피해자를 가릴 것 없이, 얼마나 힘겹게 살아가야 하는가를 냉혹한 시선으로 그리고 있습니다. 해리 반장이 범인과 함께 사선을 넘다가 정신을 잃은 후 깨어나자마자 "전 여자친구의 목을 뎅강 자르려고 했던" 범인의 생사 여부부터 확인하는 것에서 우리는 작가의 인간에 대한 근원적 성찰의 의지를 읽을 수 있습니다.

2013. 10. 15

우리는 도대체 '누구'인가

2013년 일본의 나오키상 수상작은 아사이 료의 장편소설 『누구』(은행나무)입니다. 이 소설에는 미야마 대학교 4학년생 다섯 사람의 치열한 '취활'을 그리고 있습니다. 취활은 취업활동, '혼활'은 결혼활동의 준말입니다. 취업이나 결혼이 너무 힘드니 격렬한 활동을 해서라도 꼭 이뤄내야 하는 환경을 반영하는 조어들입니다. 『누구』에서는 이들의 취활 이야기가 사회관계망서비스(SNS) 내용과 격자무늬처럼 반복되고 있습니다.

주인공 다쿠토는 월세를 절약하기 위해 고타로의 룸메이트가 됩니다. 고타로의 헤어진 여자 친구인 미즈키의 취활 동료인 리카는 다카요시와 동거를 하고 있습니다. 미즈키가 리카에게 놀러온 날, 미즈키를 짝사랑하는 다쿠토가 미즈키에게 전화를 하는 바람에 이들이 같은 건물의 위아래층에 산다는 것을 알게 됩니다. 그들은 리카의 집에서 함께 취활을 본격적으로 전개합니다. 외국 유학과 인턴이라는 장점이 있는 미즈키와 리카의 주도로 대학 취업정보센터에서 받아온 엔트리시트(입사원서)를 미리 써보기도 하고 면접의 예상 질문에 대한 답변도 함께 준비합니다.

그들은 트위터를 통해 140자 이내로 간결하고 짧은 말로 자신을 표현하기 시작한 세대답게 자신의 키워드부터 찾아내고자 합니다. 1차 합격자만을 대상으로 집에서 치러지는 국어, 수학, 영어에 대한 웹 테스트도 함께 풉니다. 이런 것은 혼자서 하는 게 아니라네요. "이것은 실력을 재는 게 아니라 협력해 줄 친구가 있는가를 조사하는 테스트"에 불과하다는 것이 상식이랍니다.

그들의 협력 전선은 미즈키가 합격통보를 받은 다음부터 무너지기 시작합니다. 겉으로는 축하해주지만 속으로는 질투하거나 조롱합니다. 빨리 취업해야 할 남다른 이유가 있는 미즈키가 승진할 수 있는 코스인 '종합직'이 아닌, 전근이 없고 승진이 어려운 '에리어직'으로 합격한 것과 고타로가 대형 출판사가 아닌 중견 출판사에 취업한 것을 알고는 안도하기도 합니다.

속내를 잘 드러내지 않는 그들이 속마음을 담은 글을 어디에 쓸까요. 그렇습니다. "정말로 중요한 이야기는 트위터에도, 메일에도, 그 어디"에도 쓰지 않습니다. 오로지 익명으로 개설된 트위터 계정에 속마음을 냉소적으로 털어놓습니다. '누구'는 냉정한 관찰자의 시선이 그대로 드러나는 다쿠토의 또 다른 계정이었습니다. 그것을 본 리카의 심정은 어땠을까요. 여러분이 소설의 끝에 붙어 있는 '누구' 계정의 트위터 글을 읽는다면 놀라운 반전과 인간의 악마성에 경악을 금치 못하실 것입니다.

2008년에 발표된 이시다 이라의 장편소설 『스무 살을 부탁해』(노블마인)는 와시다 대학의 3학년생 7명이 취업동아리를 결성해서 벌이는 1년 동안의 눈물겨운 취업기입니다. 그들은 1000 대 1 이상의 경쟁률을 기록하는 언론계에 전원 합격하자고 결의합니다. 그룹면접 토론, 인턴 연수, 자기소개서를 쓰기 위한 합숙, 언론계 입사에 성공한 선배 방문, 취업 과정 등 모든 경험을 공유하는 과정을 사실적으로 그리고 있습니다.

한 친구가 히키코모리가 되어 집 밖으로 나서는 것을 꺼리는 바람에 '전원 합격'의 공동 목표에 잠시 이상이 발생했지만 눈물겨운 동료애를 발휘해 결국 전원 합격의 공동 목표를 달성합니다. 동아리 리더인 도미즈카 게이가 여섯 군데에 합격하고도 논픽션 작가가 되겠다며 '골든 루트'를 차버리는 장면에서는 통쾌함마저 느낄 수 있었습니다.

두 소설은 5년의 시간차를 두고 발표됐습니다. 그 사이에는 무슨 일이 있었을까요. 글로벌 금융위기가 있었고, SNS의 등장이 있었습니다. 1991년에 시작된 '잃어버린 10년'은 '장기불황 20년'으로 이름이 바뀌었습니다. 2011년에는 동일본 대지진과 쓰나미, 후쿠시마 원전사고가 터졌습니다. 그러니 일본 국민들이 심각한 열패감에 빠져드는 것이 당연할 것입니다.

취업은 정말 중요합니다. 신입사원 일괄입사 전통이 센 일본은 중도채용이 적습니다. 고용시장이 매우 경직돼 있는 것이지요. 이런 경우 첫 단추를 잘못 끼우면 평생 고생할 수밖에 없습니다. 『스무 살을 부탁해』에서 미즈코시 치하루는 최고의 직장이라는 한 민영방송국 최종 면접에서 아주 사소한 실수로 탈락합니다. 겨우 몇 분 동안 진행되는 면접에서 어떻게 답하느냐로 인간성 전체를 평가받고, 그 결과로 운명이 달라지는 것은 우리 인생의 축소판 같습니다.

대기업의 정규직으로 입사하면 평생 고액연봉을 받으며 떵떵거리며 살게 됩니다. 그러나 비정규직으로 밀려나면 죽을 때까지 저임금의 하루살이 인생을 벗어나기 어렵습니다. 정규직과 비정규직의 평생임금은 1억 엔 이상 차이가 납니다. 게다가 해고는 언제나 비정규직부터 시작됩니다. 그러니 『누구』에 등장하는 것처럼, 12월 1일에 문을 연 취업사이트가 순식간에 서버가 다운되기도 합니다.

일본은 집단주의 전통이 매우 강합니다. 지금도 전국시대나 막부 말기 무사들이 할복하는 정신을 리더십의 바람직한 모델로 내세우는 나라이니까요. 그러나 그런 빛나는 전통이 급격하게 무너지고 있음을 『누구』는 명확하게 보여주고 있습니다. 실시간으로 소통할 수 있는 수단으로 등장한 SNS가 관음증과 노출증만 잔뜩 보여주고 실제로는 인간관계를 얼마나 심각하게 파괴하고 있는지를 알려줍니다. 아마 소설을 읽은 독자는 '우리는 도대체 누구인가'라는 질문을 던지며 서둘러 SNS 계정을 닫아버리고 싶은 욕망에 휩싸이게 될 것입니다.

2013. 9. 2

'디지털 치매'와 전자 교과서

인사불성으로 취해서 남보다 일찍 귀가하는 버릇을 가진 사람이 있었습니다. 자신이 만든 술자리에서마저 이런 행태가 잦으니 그에 대한 소문이 좋을 리 없었습니다. 그는 페이스북에서 인기 있는 몇 사람을 초청했습니다. 그리고 정말 화끈하게 술을 샀을 뿐만 아니라 일일이 택시비도 나눠줬습니다. 다음날 페이스북에는 술자리 참석자들이 그를 칭송하는 글들이 일제히 올라왔습니다. 많은 사람이 열심히 '좋아요'를 눌러댔습니다.

소셜네트워크서비스(SNS)에서 "속게 되고, 집단 따돌림을 당하고, 공격적인 목소리에 시달리고, 모욕당하고, 비방당하는" 일이 크게 증가하고 있습니다. 소통의 도구인 소셜미디어가 "어린 누리꾼들을 고독과 우울증으로 내몬다"는 사실은 이제 상식에 속합니다. 그런데 "장기적으로 페이스북이 사회적 두뇌의 축소를 가져올 수 있는 위험 소지도 있다"고까지 말하는 이가 있네요. 2012년 발표한 『디지털 치매』(북로드)의 저자인, 독일에서 가장 유명한 뇌과학자 만프레드 슈피처입니다.

국내 스마트폰 보급대수가 올해 말이면 4,300만 대에 이를 것이라는 예측이 나오고 있습니다. 이 숫자는 현재 전체 휴대전화 보급대수이기도 합니다. 2010년 4월 3일에는 스마트패드가 처음으로 등장해 우리를 놀라게 했지만 이제는 이 또한 우리 생활의 일부가 됐습니다. 곧 둘의 기능이 하나로 모아진 '패블릿'이 등장한다고 합니다. 이런 기기로 게임을 하는 사람들은 또 얼마나 많습니까.

알코올과 니코틴, 각종 불법 마약의 소비는 감소 추세인 반면, 컴퓨터와 인터넷 중독 현상은 가파르게 증가하고 있습니다. 최근 5년 사이에 게임 중독자는 세 배나 증가했는데 주로 실직 상태의 젊은 남성이라고 합니다. 이들의 생활은 디지털 미디어로 완전히 파괴되었습니다. 더구나 기억력 장애와 주의력 결핍 장애, 집중력 장애는 물론 감수성 약화를 겪는 어린이와 청소년들이 점점 늘고 있다고 합니다. 이런 질병 양상을 '디지털 치매'라고 부르기 시작했다지요. 2007년에 한국의 의사들이 말입니다.

저자는 이 질병의 위험성을 경고하고 있습니다. 그가 말하는 '디지털 치매'는 컴퓨터, 스마트폰, 비디오게임, 텔레비전 등의 디지털 미디어와 SNS의 과용으로 기억력과 학습 능력이 현격하게 떨어져서 사실상의 바보가 되는 것을 말합니다. '디지털 치매'는 "무엇보다 무능함의 증가로 인해 정신활동을 이용하고 제어하는 능력, 즉 생각하고, 원하고, 행동하는 능력을 퇴보시킬 것"이며 결국 "삶의 질이 저하되고 조기 사망으로까지 이어질 수" 있습니다. 저자는 "디지털 미디어의 이용률이 가장 높은 국가인 한국"의 초등학생 12퍼센트가 이미 인터넷 중독으로 드러난 것은 지극히 당연하다고 말합니다.

저녁 자리에서 수십 편의 한시를 줄줄 외워 나를 놀라게 한 한문학자가 있었습니다. 그는 그 한시 모두를 할아버지 무릎에서 배웠다고 했습니다. 저자는 학습을 하면 시냅스, 그러니까 신경세포들 사이의 연결부가 변하고 뇌의 능력은 증대된다고 합니다. 특히 어린 시절에는 더욱더요. 치매 환자들이 어린 시절은 잘 기억하지만 최근의 일은 잘 기억하지 못하는 것은 그런 이유겠지요. 그러니까 저자가 "유치원과 초등학교에서 디지털 미디어를 사용하는 것은 사실상 일종의 마약을 투여하는 것"이라고 말하는 것은 매우 지당해 보입니다.

"유치원에 다닐 정도의 어린 나이에 컴퓨터를 이용하면 집중력 장애는 물론 유치원을 졸업할 무렵에는 읽기 장애까지 겪을 수 있"으며 "미국과 독일의 연구에서도 확인되듯, 취학 연령의 어린이에게는 사회적 고립이 자주 관찰"됩니다. 그렇다면 이것을 어떻게 해결해야 할까요? "평생학습의 기본이 어린이와 청소년 시절의 훌륭한 교육"이라는데 그 훌륭한 교육은 무엇일까요. "인지하기, 생각하기, 체험하기, 느끼기, 행동하기" 등을 통해 기억에 흔적을 남겨야 합니다. 이런 일은 스크린과 마우스가 아닌 종이와 연필로 이뤄져야 효과가 크다는 것이 저자의 주장입니다. 저자는 "디지털 미디어는 실제로 뚱뚱하게, 어리석게, 공격적으로, 외롭게, 아프게 그리고 불행하게 만든다. 어린이들에게는 이용 시간을 제한하라. 이것만이 그나마 긍정적인 효과를 얻을 수 있는 유일한 방법이다. 어린이가 디지털 없이 지내는 하루하루는 선물 받은 시간이나 마찬가지"라고 책의 마지막에서 우리에게 간절하게 충고하고 있습니다.

이명박 정부의 교육과학기술부는 2015년부터 모든 취학아동들에게 태블릿 PC를 지급하고 전자교과서로 수업할 계획을 발표한 바 있습니다. 이 계획은 학교 현장의 교사들로부터 격렬한 반발을 불러와 실행이 다소 늦춰지고 있긴 합니다. 하지만 이 계획은 하루빨리 취소되어야 마땅합니다. "디지털 미디어의 확산을 통해 은밀하게 국민들의 치매를 꾀함으로써 국민들을 손쉽게 통치하려 한다는 사악한 음모론"에서 벗어나려면 말입니다.

2013. 4. 9

데이터베이스적 소비시대의 소설

2012년 겨울호로 100호(창간 25주년)를 맞이한 〈문학과 사회〉는 상업주의 및 문학 대중화와 문학의 사회, 정치적 쓰임을 배격하고 문학주의를 추구하는 '소수문학'을 지향점으로 내세웠습니다. 2012년부터 "진보적 문학의 급진적 재구성"을 표방해온 〈실천문학〉은 "작품으로서의 문학과 텍스트로서의 문학이 수명을 다한" 지금, '사상으로서의 문학'에 대한 사유의 단초를 마련하는 특집을 꾸렸습니다.

그동안 우리 문학시장은 계간지를 펴내는 몇 출판사가 담론을 주도해왔습니다. 이제 그런 계간지들마저 '소수문학'이나 '사상으로서의 문학'을 이야기하는 세상이니 격세지감을 느끼지 않을 수 없습니다. 이들 계간지뿐만 아니라 최근 베스트셀러를 펴낸 바 있는 출판사들도 사정이 그리 좋지 않아 보입니다.

대부분의 작가들은 초판 3,000부도 소화하기 어려워지고, 10만 부 판매가 보장되던 작가도 이제 거의 사라지는 마당이니까요.

그러니 소설판은 이제 '진영'의 싸움에서 벗어나 근원적인 변화를 꾀해야 할 것입니다. 젊은 독자들은 소설을 읽지 않는다고 합니다. 과연 그럴까요. 젊은 세대는 로맨스나 판타지를 열심히 읽고 있습니다. 영상과 연결된 소설은 그래도 아직 팔리지 않나요. 게다가 소설적인 상상력이 가미되지 않은 논픽션은 읽히지 않고 있습니다. 20년 이상 인기를 누리는 『나의 문화유산답사기』(유홍준, 창비)가 갖고 있는 빛나는 이야기성을 한 번 살펴보십시오.

이웃 일본과 중국만 보아도 젊은 세대는 휴대전화로 엄청나게 소설을 읽어댑니다. 일본에서 유통되는 '휴대전화소설'은 서점에 꽂혀 있는 책의 두 배가 넘습니다. 중국에서도 휴대전화로 로맨스나 판타지 작품의 전반부를 무료로 읽어본 다음 1~2위안만 지불하고 끝까지 즐기는 문화가 급격하게 확산되고 있습니다. 궈징밍과 한한 등이 주도하는 인터넷을 기반으로 하는 '신흥문학'은 문학시장을 압도하고 있습니다. 우리도 휴대전화를 통한 결제시스템만 완비하면 일본이나 중국과 별반 다르지 않을 것입니다.

저는 "새로운 책의 시대"가 이제 겨우 시작되었다는 주장을 하고 있습니다. 디지털 혁명은 정보기술(IT) 혁명을 의미합니다. 마쓰오카 세이고는 이 혁명이 '정보의 전후 순서 배치법'이 달라진 것에 불과하다고 말합니다. 이제 독자는 스마트폰이나 스마트패드 등 스마트기기를 이용해 엄지손가락으로 누르기만 하면 인류가 생산한 모든 정보에 연결될 수 있습니다. '검색'이라는 읽기 혁명, 엄지손가락으로 '누르는' 쓰기 혁명, 스마트기기라는 물질성(텍스트)의 혁명 등 3대 혁명이 정보의 생산, 유통, 소비 구조를 완전히 바꾸고 있습니다.

이런 마당에 소설이라고 다를까요. 원래 읽기와 쓰기는 연동되어 있었지요. 조선시대의 사대부를 보세요. 인간으로 바로 설 수 있는 유일한 기회인 과거시험에서의 '쓰기'를 위해 평상시에 '읽기'를 게을리 하지 않았습니다. 그러던 것이 산업시대에는 '소수'가 쓰고 '다수'가 읽게 되었습니다. 그러나 지금은 누구나 읽고 쓰는 시대입니다. 제5의 미디어인 블로그가 등장하면서부터 읽기와 쓰기가 연동된 시스템이 재발견된 셈이지요.

2012년 출판시장은 트위터나 페이스북과 같은 소셜미디어에 매우 적합한 장르인 에세이가 휩쓸었습니다. 이렇게 스마트기기는 저자와 독자의 관계성을 만드는 결정적인 열쇠가 되고 있습니다. 이제 '유장한 산문'은 지고 '경박단소한 단문'의 시대가 제대로 뜨고 있다고 볼 수 있습니다.

소설은 돌파구가 없을까요. 등단 50년을 기념해 『여울물 소리』(자음과모음)를 펴낸 황석영은 '이야기꾼'에 기대를 걸고 있었습니다. 이 소설은 책 읽어주는 전기수나 재담꾼인 강담사 노릇을 하다가 결국 스스로 연희 대본을 쓸 뿐만 아니라 천지도(동학) 혁명에도 참가하는 이야기꾼의 일생을 그리고 있습니다.

게임과 문학을 연결한 『지옥설계도』(해냄)를 펴낸 이인화도 소설가가 아닌 이야기꾼이 되고 싶다고 고백하고 있습니다. "소설가가 남들이 이해하기 힘든 자신의 상처를 고백하고 거기에서 공감을 끌어내어 보편성으로 나아가는 사람이라면, 이야기꾼은 보편성에서 시작한 완결성 있는 이야기로 독자의 개별적인 상처를 위로하고 인생에 도움이 되는 조언을 하는 사람"이라는 것이지요.

이제 완결된 이야기는 데이터베이스화되어 있습니다. 따라서 작가는 그 많은 이야기를 서로 연결해 '변형'한 새로운 작품을 내놓는 사람에 불과합니다. 이런 일은 누구나 즐길 수 있습니다. 생산자가 곧 소비자인 시대가 정착되어 가고 있는 셈이지요. 『게임적 리얼리즘의 탄생』(현실문화)의 저자인 아즈마 히로키는 이를 유저의 '2차적 생산' 혹은 '데이터베이스적 소비'라는 개념으로 설명했습니다.

무협 작가가 처음으로 발표한 게임 판타지 소설인 『리셋

지구』(이재일, 새파란상상)가 보여주는 세계관은 신선했습니다. 이 소설은 게임을 즐기며 "파괴와 살육을 통해 맛보는 적나라한 쾌감"을 맛본 이들이 인류 멸망이 이뤄진 지구마저 언제든지 과거의 시점으로 '리셋(롤백)'할 수 있다는 사고를 갖게 된 것은 아닌지 제대로 풍자하고 있습니다.

아마도 소설은 이런 노력들을 통해 거듭날 것입니다. 지극히 감성적이거나 잘게 쪼개진 정보만으로 만족할 수 없는 인간은 소설적 상상력을 결코 포기하지는 않을 것이니까요.

2012. 11. 26

분연히 일어선 출판인들

〈작은도서관〉이라는 잡지를 기억하시는지요. 국립중앙도서관에서 2007년 말에 4호까지 펴내고 중단된 잡지입니다. 노무현 정부 시절 권양숙 여사는 작은도서관 운동에 관심이 많았습니다. 그래서 작은도서관 운동이 활발하게 전개되면서 예산도 점차 늘어났지요. 그러나 이명박 정부 인수위는 작은도서관 지원 예산이 '권양숙 여사' 예산이라면서 전액 삭감해버렸습니다. 아마도 널리 알려지지 않은 이 사건은 이명박 정부가 출판계에 안겨준 재앙의 시초일 것입니다. 아시다시피 이명박 정부의 '김윤옥 여사님' 예산은 한식 세계화로 바뀌었습니다. '4대강 사업'처럼 한식 세계화는 혈세만 낭비하고 아무런 소득도 남기지 못하고 있습니다.

이명박 정부가 출판계에 안겨준 본격적인 재앙의 시발점은 '일제고사' 도입이라고 볼 수 있습니다. 1990년대에 우리 아동출판은 급격하게 성장했습니다. 1990년대에 우리 출판계는 장기간의 군사정권이 지배한 이 땅에 바람직한 아동서적을 찾아보기 어려운 환경을 바꿔나가기 시작했습니다. 1980년대 말까지만 해도 반공 이데올로기를 강요하는 책, 순간적이고 찰나적인 즐거움을 전하고 억지웃음을 강요하는 TV와 연결된 즉물적 기획상품, 공포물, 유머·소화류笑話類 등의 아동서적이 서점 서가의 대부분을 장악했습니다.

1990년대 아동출판의 성장은 세계저작권협약(UCC) 가입과 세계무역기구(WTO) 출범에 따른 저작권 개념의 명확한 확립, 인문사회과학 출판사들의 아동출판 대거 진입, 386세대 부모들이 자녀들에게 좋은 책을 골라 읽히려는 열의, 전국교직원노동조합의 합법화에 따른 학교 현장의 긍정적 변화, 좋은 책을 골라 읽히려는 시민단체들의 노력, 아동서적 전문 서점과 전문 도매상의 등장, 일간신문의 아동서적 소개면 신설 등에 힙 입은 바 큽니다. 이 시절에 좋은 그림책을 읽고 자란 세대가 그림책 작가가 되어 지금은 세계적인 그림책 관련 상을 수상하기도 합니다.

일제고사는 학교 현장을 압박했습니다. 그 바람에 아동출판은 해마다 30퍼센트씩 매출이 격감하기 시작했습니다. 공공도서관과 학교도서관도 동반해서 쇠퇴하기 시작했습니다. 특히 학교도서관에는 시설과 자료(책) 이상으로 사서교사라는 전문 인력이 필요합니다. 2006년 109명, 2007년 104명, 2008년 109명 등 3년간 총 367명의 사서교사 신규 임용이 있었지만 이명박 정부 들어서는 2009년 9명, 2010년 24명으로 급격하게 줄었습니다. 2011년에는 단 한 명도 뽑지 않았고, 2012년에는 결원보충으로 전북에서 딱 한 명만 뽑았습니다.

2010년 4월 26일, 당시 문화체육관광부 유인촌 장관은 국내 시판도 되지 않은 아이패드를 이용해 '전자출판산업 육성방안'을 발표했습니다. 근본적인 시스템 조성을 위한 방안이 없이 그저 곁가지 대책만 나열하면서 5년 동안 600억 원을 투입한다고 발표했습니다. 하지만 그마저도 예산 확보 없이 발표한 것이라 공염불에 불과합니다.

2012년은 '국민독서의 해'였습니다니다. 강단 학자들에게 수천만 원을 주고 만든 몇 가지 이벤트가 진행됐습니다. 그러나 이 행사에 문화부가 투입한 전체 예산이 국민 1인당 10원에 불과한 5억 원이었습니다.

2012년 7월 9일 당시 최광식 문화부 장관은 "한류 확산을 위해 앞으로 유형은 물론 무형의 산업에 과감한 투자가 필요하다며 2013년 50개 사업에 5,000억 원 규모의 예산을 확보할 것"이라고 밝혔습니다. 영화나 게임 산업, K팝 등의 문화산업을 지원하는 것은 당연합니다. 그러나 모든 문화산업의 근간인 출판에 대한 홀대는 이명박 정부 내내 너무 심화됐습니다.

2012년 7월 18일, 정부는 출판인들의 오랜 숙원이었던 한국출판문화산업진흥원을 출범시키면서, 초대 원장에 이재호 동아일보 출판국장이 내정됐다는 사실을 공식 발표했습니다. 이명박 정부는 출판에 문외한인 특정 대학 출신의 보수 언론인을 낙하산으로 내려 보냈습니다. 인사 발표 후 반발하는 출판단체를 찾아온 박영석 문화산업국장은 "출판계가 이렇게 반발하면 출판계만 손해"라고 협박했다고 합니다.

출판계가 더 손해 볼 것이 남아 있나요. 어차피 망할 수밖에 없는 출판인들이 '낙하산 인사 규탄 및 출판문화 살리기 실천대회'를 벌인 것이지요. 그들은 원장 자리 하나 꿰차지 못해 이러는 것이 아닙니다. 오랫동안 지속되어온 정부의 홀대에 낙하산 인사가 도화선이 되어 출판인들의 분노가 드디어 폭발한 것입니다.

온라인서점의 할인 경쟁이 가속화된 다음 출판계는 뒤늦게 도서정가제만이 출판 산업이 살기 위한 최소안의 안전장치라고 수없이 아우성쳤습니다. 하지만 문화부는 도서정가제가 필요하다는 원칙에는 공감하면서도 공정위나 규제개혁위의 반대를 핑계로 문제를 봉합하는 데 급급했습니다. 그 바람에 서점의 휴·폐업이 속출하면서 출판시스템은 최대의 위기를 겪고 있습니다.

다소 늦은 감이 있긴 하지만, 이제야 출판인들은 한마음으로 분연히 일어섰습니다. 낙하산 인사 철회뿐만 아니라 도서정가제 확립, 경제협력개발기구(OECD) 수준의 도서관 장서구입 예산 확보, 독서진흥기금 조성, 학교 독서교육의 강화, 출판유통의 현대화 등을 위해 열심히 싸우기로 했습니다. "한숨 대신 함성으로, 걱정 대신 열정으로, 포기 대신 죽기 살기로" 목적이 달성될 때까지 말입니다. 양서 출간이 늘어나기를 기대하시는 국민들의 많은 후원을 부탁드립니다.

2012. 8. 1

스승은 가능한가

2012년 5월 19일 안면도에서는 누동학원의 총동창회가 열렸습니다. 누동학원은 1975년 6월 15일 문을 열어 모두 89명의 졸업생을 배출하고, 1981년 8월 30일 문을 닫은 중학교 과정의 농촌야학입니다. 제도화된 교육을 비판하며 바람직한 교육의 모델을 제시하려 했던 누동학원을 유신정권은 '사설강습소법'을 핑계로 강제 폐교시켰습니다.

저는 6년여 동안 누동학원을 거쳐간 80여 명의 교사 중 한 사람입니다. 마지막 학년 9명의 담임이었지요. 마지막 졸업식이 있은 뒤에 한 학생이 저에게 이런 편지를 보내왔습니다.

"눈물을 뚝뚝 흘리며 떠나시는 선생님을 볼 때 참을 수 없는 분노가 이 작은 소녀의 가슴에서 벅차올랐어요. 선생님, 저는 그때 배움의 힘이 크고 돈의 위력이 큰 것을 처음으로 깨달았어요. 적어도 11월까지는 지탱이 될 거라고 하시던 말씀이 문득문득 생각나고 사람이 진실성을 가지고 살아야 된다고 가르치시던 생각도 나고….”

이 편지를 보낸 소녀는 이제 48세의 나이로 대학에서 청소년 교육을 공부하는 3학년 학생입니다. 51세의 남편은 대학 교수이면서 박사과정을 밟고 있고, 두 아이도 대학생입니다. 온 가족의 전공이 같은 계열이랍니다.

검정고시를 거쳐 대학에 들어간 뒤 졸업하고, 프로그래머로 일하고 있는 다른 졸업생은 지금 박사 논문을 쓰고 있습니다. 그 아이는 제가 가르치는 동안 세 번이나 가출했습니다. 저는 당시 우등상과 개근상을 없앴습니다. 바쁜 농사일에 일손이 없어 허덕이는 부모를 모르쇠하고 학원에 오기가 쉽지 않은 현실에서 그런 상은 아이들을 나쁜 심성의 소유자로 만들 수 있다는 우려에서였지요.

도시락도 못 싸오던 두 아이가 이번 모임을 이끌었습니다. 제가 자신들의 담임이었다고 저부터 인사를 시키더군요. 저는 50여 명 앞에서 이렇게 말했습니다. “24세의 철없는 사람이 1년 남짓 교사를 했다고 평생 스승으로 여겨주는 경우가 세상 어디에 있나요. 제가 스승이 아니라 여러분이 제 삶의 스승입니다. 제가 〈학교도서관저널〉 같은 잡지를 3년째 펴내며 세상에 헌신하며 살 힘을 여러분이 제게 주었습니다.” 그날 참석한 다른 교사들도 저와 비슷한 마음이었습니다.

그들과 헤어지고 저는 이 시대 교사의 의미를 되새겨 보았습니다. 〈오늘의 교육〉 6호(2012년 1~2월)의 특집 '교육 불가능 시대, 교사는 가능한가'는 좋은 교사를 꿈꿨던 이들마저도 그냥 공무원으로 만들어버리는 어두운 현실을 고발하고 있습니다. 이 특집에서 '스승이 가능한가'라는 질문을 던진 엄기호는 "교사가 학생과 위계적인 관계를 떠나 우정의 관계를 맺는 것이 큰 기쁨이듯이 학생들 또한 교사와 우정을 맺는 것이 배움의 도약을 이루는 큰 전환점이 된다"고 말합니다. "제자의 능동성을 배려하며 진실에 대해 용기를 내게 하는" 교사가 진정한 스승이라고 규정한 엄기호는 "우리 교육 현장에서 스승이 되는 것은 지극히 힘들고 거의 불가능"하다고 진단했습니다.

이런 현실에서 교사의 고통은 크겠지요. 한 교사는 "아이들을 사랑하는 것 딱 한 가지만 포기하면 교사가 정말 괜찮은 직업"이라고 말합니다. 한국교원단체총연합회가 올해 '스승의 날'을 맞이해 실시한 설문조사에서 교사 5명 중 4명은 "교직의 만족과 사기가 떨어졌다"고 대답했습니다. 『학교의 풍경』(교양인)에서 "학생 안전의 책임을 교사에게 묻는 제도적 안전망이 없는 환경, 힘 있는 학부모들의 교권 침해, 수업에 들어와 다과를 들며 수업을 감상하는 이상한 교원평가, 국·영·수 외에는 설 자리가 없는 교육 과정, 학교 밖에서 이미 곪아 터진 문제로 아파하는 학생을 지원하는 체제의 부족함" 등을 질타한 12년차 교사 조영선은 "사랑하는 스승과 제자가 아니라 서로 어깨를 겯는 동지로 거듭나는" 올바른 관계를 꿈꿉니다.

『변방의 사색』(꾸리에)에서 "이제 웬만하면 비정규직, 아니면 청년 실업"이 지속되는 상황에서 "초·중·고 12년에 대학 4년, 모두 16년을 온통 지옥 같은 경쟁으로 내모는 이 경쟁 교육 자체가 의미가 없어진다. 비정규직 산업예비군이 되기 위해 이 미친 경쟁에 뛰어들 이유는 없다"고 외치는 이계삼은 이제 우리가 쓸모없는 것으로 내던진 '인문학'과 '농업'에 희망을 걸어야 한다고 주장합니다.

26년차 교사 안준철은 우수한 성적으로 졸업한 제자들마저 힘겹게 살아가는 안타까운 현실에 괴로워합니다. 『오늘 처음 교단을 밟을 당신에게』(문학동네)에서 "교권은 학생들을 사랑할 권리"라고 해석한 그는 "교사가 한 아이에 대한 믿음을 버리는 순간 교사로서의 존재 의미는 상당 부분 훼손된다"고 말합니다. 우리 현실은 어떻습니까. 2011년에 하루 209명, 모두 7만 6,489명의 아이들이 학교를 떠났습니다. 학교에 남은 아이들도 성적만이 살길이라는 아주 폭력적이고 억압적인 구조에서 허우적거리고 있습니다.

이 책들을 읽으며 저는 교사와 학생이야말로 서로가 서로에게 거울이 되어야 한다고 결론 내렸습니다. 안준철의 지적대로 모두가 "인간에 대한 근본적인 사색과 이해"를 하려고 나서는 것이 암담한 교육 현실을 극복하는 출발점이 될 것입니다. 이게 바로 키가 훌쩍 커버려 이제는 친구가 되어버린 누동학원의 제자들이 어깨동무하며 제게 알려준 진실이기도 합니다.

2012. 5. 29

한마디 말이 압도하는 세상

어느 분이 제게 전화를 걸어 '강의형 책'이 왜 이렇게 범람하느냐고 물었습니다. 그렇습니다. 2012년 초에 베스트셀러 상위 10위권을 강의형 책이 휩쓴 적이 있습니다. 혜민 스님이 마음과 인생, 사랑과 관계에 대해 조근조근 설명해주는 『멈추면, 비로소 보이는 것들』(쌤앤파커스), 스튜어트 다이아몬드 교수의 협상에 대한 와튼스쿨 명강의를 정리했다는 『어떻게 원하는 것을 얻는가』(8.0), 삶의 의미를 열정적으로 잘 설명해주는 것으로 유명한 김정운의 『남자의 물건』(21세기북스) 등 영화화된 미야베 미유키의 소설 『화차』(문학동네)를 제외하고는 모두가 그러네요. 아, 한 권 더 있습니다. 장하준·정승일·이종태 등 경제전문가 세 사람의 좌담으로 한국경제의 실상을 파헤친 『무엇을 선택할 것인가』(부키)도 눈에 띄네요.

2004년 4월 15일의 제17대 총선 일주일 뒤에 한 학자가 어느 일간지에 발표한 '글쓰기의 몰락'이라는 칼럼이 생각나네요. 그분은 작고한 최명희(『혼불』)처럼 "수바늘로 한 땀 한 땀 쓰듯" 쓴 글이나 김훈(『칼의 노래』)처럼 "연필을 꾹꾹 눌러 원고지에 글을" 쓰는 '진지한 글쓰기 문화'가 우리 주변에서 완전히 사라지는 것 아닌가 하고 개탄하셨지요.

그분의 우려처럼 글이 아닌 말이 이 시대의 공적 커뮤니케이션을 압도하는 세상이 되었습니다. 그분은 '말짱'과 '얼짱'이 마치 지성의 상징인 양 행세하는 세상이 되게 만든 주범으로 텔레비전을 꼽았습니다. "텔레비전이야말로 지식인들을 구어체 수사와 상황적 순발력으로 조련시키는 최적 무대"라는 것이었지요.

"속이 빈 사람이 말 잘하고 속이 허한 사람이 말 많다"고 판단하신 그분은 "명문名文과 미문美文이 사라지는 현상, 그리고 글쟁이가 줄어드는 추세는 단순한 언어의 문제에 국한되지 않는다. 말이 범람하는 대신 글이 몰락하고 타락하는 현실이야말로 문명과 역사에 연관된 일종의 국가적 비상사태"라고 결론내리셨습니다.

지금 소설이 위기인 것은 맞네요. 베스트셀러의 절반쯤은 늘 소설이 채우곤 했는데 영화 원작소설 한 권이 달랑 올라있으니 말입니다. 그렇습니다. 소설은 더 이상 주류문화가 아닌 것 같습니다. 만화와 게임, 애니메이션과 라이트 노벨 등 과거에 '하위문화'로 여겨지던 것들이 주류문화로 올라선 것처럼 여겨집니다. 소설은 소설 자체의 힘만으로는 팔리지도 않습니다. 소설이 팔리려면 적어도 영화나 드라마로 만들어졌다는 '이야기' 정도는 붙어 있어야 합니다. 신경숙의 『엄마를 부탁해』(창비)처럼 40개에 육박하는 나라에서 번역 출간되고 있다는 '이야기'라도 있든가요.

영상이 세상을 압도한 지는 오래됐습니다. 이제 젊은이들은 영상에서 단 한순간도 벗어날 수가 없습니다. 그들은 잠드는 순간까지도 스마트폰이나 스마트패드를 일상화하는 '호모스마트쿠스'가 되었습니다. 조금이라도 문제가 발생하면 바로 스마트기기를 이용한 '검색'이나 '놀이'로 즉각 해결해버립니다.

문자 발명 이후 언문일치가 일반화되었던 시대의 표준어 개념이나 객관적 명제는 더 이상 중요하지 않습니다. 영상 시대의 구어가 갖는 생동감, 상황적응성, 주관적 표현이 지닌 친근감이나 대면對面성이 활개를 치는 세상입니다.

17대 총선 국면에서 구어가 갖는 장점을 최대로 보여준 것은 바로 '노회찬식 어법'이었습니다. "50년 동안 썩은 정치판을 이제 바꿔야 합니다. 50년 동안 삼겹살을 같은 불판 위에서 구워 먹으면 고기가 새까맣게 타버립니다"는 등 풍자와 해학이 넘쳤던 노회찬 어법은 텔레비전 토론에서 유권자를 압도했습니다. 덕분에 사상 최초로 국회에 진출하는 것을 목표로 삼았던 민주노동당은 13퍼센트의 정당투표 득표율로 비례대표만 무려 8석을 얻었습니다. 지역구 2석까지 차지한 민주노동당은 새천년민주당까지 제치고 열린우리당과 한나라당에 이어 원내 제3당이 되는 기염을 토했습니다.

그로부터 8년이 지났습니다. 새누리당은 "3,000만 원으로 선거 뽀개기"를 하겠다는 27세 여성 손수조를 당의 참신성을 대표하는 인물로 내세웠습니다. 통합진보당의 이정희 공동대표가 지역구 출마를 포기하겠다는 선언이 야권연대의 틀을 완전히 뒤바꾸었습니다. 이처럼 한마디 말에 죽고 사는 일이 앞으로 비일비재하게 등장할 것입니다.

2004년 즈음에는 문자시대에 억눌려 주변부에서 배회하던 구어체가 힘을 얻어 문어체와 동격의 수준으로 올라서고자 했다고 볼 수 있습니다. 그러나 지금은 구어체의 분출하는 에너지가 세상을 압도하고 있습니다. '이성(유토피아, 시스템, 프로그램)'이 아닌 '영상(정서와 환상)'이 매혹의 패러다임으로 올라선 세상입니다. '법'이 아닌 '의견'에 복종하고, '의식(아니무스)'이 아닌 '몸(감각)'이 주체성을 형성하는 시대입니다.

그렇습니다. 인간의 '머리(이성)'보다 '몸과 마음(감성)'을 움직여야 합니다. 시대의 흐름(트렌드)도 잘 타야 하겠지요. '읽을 수 있는 것(근거, 논리적 진리)'보다 '볼 수 있는 것(사건, 그럴 듯한 것)'이 상징적 권위를 갖는 세상이니까요. 어떻습니까. 대중의 '몸과 마음'을 움직이는 한마디 말이 품은 이야기로 천하를 움켜쥐어 보지 않으시렵니까. 수십만 마리의 구제역 소가 땅에 파묻혀도 눈 하나 깜짝하지 않지만 〈워낭소리〉 늙은 소 한 마리의 죽음에는 모두가 흐느끼는 세상에, 나만이 보여줄 수 있는 차이(변별)를 드러내는 한마디 말로 말입니다.

2012. 3. 28

제나라 관중과 안철수 열풍

이명박 정부에서 정책을 담당했던 어떤 분은 "지금 세계는 한 국가 단위로 할 수 있는 일이 아무것도 없다"고 말한 적이 있습니다. 그렇습니다. 지금 세계는 '군웅할거'하고 있습니다. 이른바 글로벌 무한경쟁을 벌이고 있는 것이지요. 그분은 국민이 정치하는 이의 심정을 몰라준다고 한탄하느라 그런 말씀을 하셨겠지만 국민도 이미 그런 사실쯤은 꿰뚫고 있습니다.

지금 국민은 새로운 지도자를 갈구하고 있습니다. '안철수 열풍'도 그 한 예입니다. 안철수는 딱 두 마디로 10·26 서울시장 보궐선거를 종결지었습니다. 그는 6년 동안 '청춘콘서트'를 진행하며 젊은이들이 가슴에 품고 사는 시퍼런 절망의 칼을 무수히 보았습니다. 그런 그이기에 젊은 세대는 많은 기대를 하는 것이겠지요.

저는 이 열풍을 바라보면서 제나라 환공을 도와 제나라

를 춘추시대의 첫 패권국가로 만든 관중을 떠올렸습니다. 춘추전국시대 550년은 정치, 사회, 경제를 비롯한 모든 분야에서 획기적인 변화가 일어난 시기입니다. 수많은 사상가인 제자백가가 등장했지요. 마침 이 시기를 다룬 책들이 쏟아져 나오기도 했습니다. 철학자 강신주의 『제자백가의 귀환』(사계절)과 역사학자 공원국의 『춘추전국 이야기』(역사의아침)는 모두 12권의 시리즈로 이 시기의 인물들을 제대로 다루고 있습니다.

두 저자가 첫 번째로 내세운 사람이 바로 관중입니다. 공원국은 관중이 "춘추질서의 설계자이자 중국 최초의 경제학자"라고 했습니다. 강신주는 "중국 역사상 가장 위대한 재상 가운데 한 사람으로 기억되는 출중한 정치가였다. 관중은 급변하는 당시의 정국에 대해 예리한 통찰력을 갖추었을 뿐만 아니라, 국가와 민생에 대한 현실주의적 정치철학을 지니고 있었다. 따라서 춘추시대만이 아니라 그 이후 전국시대 지식인들 대부분에게 관중은 하나의 이상향일 수밖에 없었다"고 했습니다.

신동준은 『열국지 교양 강의』(돌베개)에서 덩샤오핑의 개혁개방 이후 30년 만에 미국과 더불어 G2의 일원으로 우뚝 선 중국의 근본을 따져보면 모두 "관중의 부국부민의 방략에 따른 것"이라며 1958년 대약진운동의 실패로 수천만 명의 아사자를 낸 중국 정부가 '치부致富'를 권장하면서도 '균부均富' 정책을 동시에 추구하는 덩샤오핑의 개혁개방 정책이 오늘의 중국을 만들었다고 지적했습니다.

관중의 정치철학 핵심은 "창고가 차면 예의와 절도를 알고, 의식이 풍족하면 영광과 수치를 안다. 군주가 한도를 지키면 육친이 단결하고, 사유四維가 펼쳐지면 군주의 명령이 행해진다"에 들어 있습니다. 백성이 안정적으로 생활을 영위할 수 있는 경제적 토대를 마련해주는 '필선부민必先富民'이 이뤄지면 국민은 국가에 '자발적 복종'을 하게 마련이라는 것이지요.

'사유'란 예의염치, 즉 예절·의로움·곧음·수치심을 말합니다. "예절이란 절도를 넘지 않는 것이고, 의로움이란 스스로를 드러내지 않는 것이고, 곧음이란 자신의 잘못된 점을 숨기지 않는 것이고, 수치심이란 남의 잘못된 점을 따르지 않는 것"입니다. '사유'를 솔선수범해야 하는 것은 한 국가의 통치자입니다.

통치자는 인재부터 잘 써야 합니다. 관중은 환공에게 사냥과 여자를 좋아하는 당신의 성정은 장차 패업을 이루는 데 해롭지 않지만, "유능한 인재를 몰라보거나(知人), 인재를 알고도 쓰지 않거나(用人), 쓰면서도 적소에 소중하게 쓰지 않거나(重用), 적소에 배치하면서도 신임하지 않거나

(委任), 신임하면서도 소인배를 참여시키면(遠小人) 모두 패업에 해롭다"고 패도의 요체를 알려줍니다. 이는 오늘날에도 인재를 활용하는 리더십의 5단계로 손색이 없습니다.

그런데 이명박 정부는 어땠나요. 집권 초부터 지금까지 일관되게 추구한 인사정책은 군미필, 위장전입, 부동산투기, 논문표절 등의 '4불문'으로 일관했습니다. 아, 또 있네요. 혈연, 학연, 지연, 교(회)연 등 '4연'을 무척 중시했지요. 진나라 목공은 능력 있는 자라면 누구나 등용하여 부국의 기틀을 마련해 진시황이 천하통일을 할 수 있는 기틀을 마련했습니다. 이명박 대통령은 '4대강 사업'을 통해 세계 최초로 전국을 연결하는 자전거 도로를 만들었다고 자랑했습니다. 가난한 농민들이 채소를 가꿔 먹고사는 터전을 짓밟아가면서 말입니다. 신동준은 "자만심과 나태에 빠진 권문귀족이 '치부'와 '균부'의 이치를 간과한 채 탐욕에 빠져 소민小民을 착취한 결과가 왕조교체의 근본 원인"이라고 말했습니다.

이명박 정부는 상위 1퍼센트만을 위한 정책으로 일관하면서도 입만 열면 '친서민'과 '공정사회'를 부르짖었습니다. 가난한 백성이 '치부'할 수 있는 터전을 짓밟으면서 부자감세로 일관한 권력자들이 외쳐대는 술수에 일말의 진실과 정성이 담겨 있을 리가 없었습니다. 한마디로 '언 발에 오줌 누기'였습니다. 이명박 정부 4년 동안 국민은 부도덕한 권력자들이 누는 오줌발에 몸이 점점 더 얼어붙어 이제 썩어갈 정도입니다.

관중은 "주는 것이 취하는 것임을 아는 것이 정치의 보배"라고 했습니다. 강신주는 이것이 "관중 정치철학의 중요한 테제, 혹은 정치의 일급비밀"이라고 했습니다. 이 테제가 "동아시아 역사 전체에서 반복적으로 등장하는 성군의 통치술, 혹은 용인술의 요체"라는 것이지요. 1500억 원을 기부한 안철수는 이미 관중의 일급비밀을 알아차린 것은 아닐까요? 그게 제가 '안철수 열풍'에서 관중을 떠올린 이유입니다.

2011. 12. 8

회색 쇼크와 단카이 세대

"전체 인구의 40퍼센트가 65세 이상 노인이 된다. 가게, 거리, 자동차 안은 두 종류의 은퇴자 세대로 가득 차게 된다. 젊은 세대는 60~80대 초반일 것이며, 나이 많은 세대는 100세가 다 된 사람들로서 이들의 수는 급격하게 많아진다. 이들은 주말에도 거리를 가득 채우고, 그 숫자는 젊은이의 수를 훨씬 능가할 것이다."

고령화 문제를 입체적으로 조망한 테드 C. 피시먼의 『회색 쇼크』(반비)가 그리고 있는 2050년의 일본 모습입니다. 여러 통계들이 기준연도로 삼기에 2050년은 인구학 사상 가장 중요한 해가 될 것이라네요. 초고령 사회의 일본은 2050년에 100세 이상인 사람만도 100만 명에 이를 것이랍니다.

일본은 높은 이혼율, 핵가족화, 체면, 길어진 수명 등으로 노인 고독이 심각합니다. 혼자 살고 있는 400만 명의 노인은 가정과 사회로부터 극심하게 소외되고 있습니다. 고독사(무연사)한 사람의 시체가 몇 달 동안 방치된 채로 썩어가면서 뿜어내는 독성을 차단하기 위해 시체를 찾는 팀이 가동되고 있기도 합니다.

노인들의 빈곤율이 OECD 국가 중 가장 높은 편에 속하는 일본인지라 고령화를 극복하기 위한 거시적 차원의 대책 마련이 없지 않습니다. 미타 마사히로는 『단카이團塊 노인』(2004년 출간)에서 "단카이 노인들을 태평양에 갖다버리지 않는 한 2050년에 일본경제는 무조건 파산한다"는 극언까지 했을 정도로 일본 고령화의 핵심에는 단카이 세대가 놓여 있습니다.

단카이 세대는 넓게 보아 패전 후인 1947년부터 1951년까지 태어난 베이비붐 세대로 1,085만 명이나 됩니다. 이 세대는 전쟁과 물자부족을 모르고 자란 최초의 세대이자 새로운 기기와 생활 환경에서 자란 최초의 세대입니다. 철이 들자 텔레비전이 있었고, 성인이 되자 마이카가 보급되었으며, 본격적으로 일을 시작할 때는 컴퓨터가 등장했습니다.

단카이 세대는 '며느리가 시어머니를 이긴', 즉 아들과 며느리였던 젊은 시기에 부모 세대와의 권한 다툼에서 이긴 세대입니다. 고도 성장기에 시골을 떠나 도시로 옮겨 관공서와 기업에 근무하면서 핵가족으로 살았기에 친척이나 이웃과의 교제를 모르고 자랐지요. 하지만 부모가 된 단카이 세대는 승부를 겨룰 상대조차 잃어버리고 말았습니다.

단카이 세대의 가장 중요한 특징은 종신고용과 연공서열, 그리고 집단주의에 물든 일본식 경영의 '회사형 인간'이라는 점입니다. 혈연과 지연을 대신한 것은 오로지 사연社緣이었습니다. '회사'와 '일'이라면 만사형통한다는 발상에 빠져들었던 세대입니다.

단카이 세대는 거대한 시장이기도 했습니다. 그들이 있는 곳에는 항상 붐이 일어났습니다. 록 뮤직, 모터사이클, 청바지와 티셔츠, 유니클로, 다코짱, 훌라후프, 욘사마 등은 단카이의 구매력과 행동력의 결과물입니다. 그들은 노동력으로서 압도적인 다수였고, 선거의 표밭과 독서시장에서 늘 주류였습니다.

"단카이 세대의 뒤에는 풀 한 포기도 살아남을 수 없다"는 말이 있을 정도로 그들은 시대를 바꿔왔습니다. 이 세대의 첫 주자들이 2007년에 60세 정년을 맞이하기 전인 2004년에 고령자의 고용안정법을 개정해 정년을 65세까지 끌어올리거나, 계속 고용 제도를 도입하거나, 아예 정년을 폐지해버렸습니다. 비록 촉탁과 파트타임의 형태였지만 계속 일할 수 있었으며, 깎인 임금은 연금으로 벌충할 수 있었습니다. 젊은이들이 일자리를 찾지 못해 안달인데도 그들은 자신의 앞길만은 잘 닦아놓았습니다.

2012년은 그들이 65세 정년을 맞이하는 해였습니다. 그래서인지 그들을 겨냥한 책들이 쏟아져 나오기도 했습니다. 고독사가 엄청난 사회문제가 됐음에도 미시적이고 개인적 차원의 대응을 촉구하는 책들이 주류를 이루고 있습니다. 그중 최근 국내에 출간된 책 두 권만 살펴보겠습니다.

인연이 끊긴 무연사회의 삶과 죽음을 다룬 『사람은 홀로 죽는다』(미래의창)의 저자인 종교학자 시마다 히로미는 "무연사회는 두려워할 대상이 아니다. 오히려 자유롭고 수많은 가능성으로 수놓인 사회"라고 말합니다. 홀로 살아가야 하는 인생일지라도 자유롭고 풍족함으로 가득한 인생으로 만들어간다면 죽음에 대한 공포도 자연히 사라질 것이랍니다.

37세에 『나는 이렇게 나이들고 싶다』를 쓴 팔순의 노인 작가 소노 아야코는 『당당하게 늙고 싶다』(이상 리수)를 작년에 내놓았습니다. 노인 지혜를 활용해 진정한 자립과 행복의 주체로 서고, 죽을 때까지 일하며 살며, 늙어서도 배우자와 자녀와 잘 지내고, 돈 문제로 어려움을 겪지 않고, 고독과 사귀며 인생을 즐겁게 지내고, 늙음·질병·죽음과 친해지고, 신의 잣대로 인생을 보는 법 등을 알려주는 이

책은 6개월 만에 300만 부나 팔렸습니다.

세계 최초의 '호로好老 문화'의 나라라지만 노인의 삶마저 긍정적으로 바라보는 자세가 놀랍기만 합니다. 하긴 단카이는 그들에 대한 모든 부정적 예측을 긍정적으로 돌려놓은 세대이긴 합니다. 대학을 졸업할 무렵의 취직난을 구인난으로 바꾸고, 가정을 꾸리기 시작하던 1970년대의 주택난을 조립식 주택과 맨션 건설로 해결하고, 정년을 맞이하던 2007년의 연금파탄 우려마저 종신고용에 얽매이지 않는 자유로운 노동으로 맞섰습니다. 그런 그들이기에 어쩌면 단카이 세대의 새로운 황금시대가 이제 다시 시작되는지도 모르겠습니다.

우리도 고령화 문제가 일본 못지않습니다. 우리는 과연 어떤 준비를 하고 있나요?

2011. 8. 1

생각하지 않는 '인터넷 원숭이들'

아이패드나 갤럭시탭 같은 태블릿 PC를 갖고 계시나요. 2010년 4월 4일 아이패드가 세상에 처음 나올 때 반응이 대단했지요. 일본에서 아이패드가 출시된 것은 2010년 5월 28일이었습니다. 당시 일본은 아이패드를 에도시대에 개항을 종용한 '흑선黑船(구로후네)'에 비유할 정도로 충격에 휩싸였습니다. 이렇게 아이패드는 기술 진화의 대표명사가 되었습니다.

지금은 너나없이 스마트폰을 구비하고 있습니다. 2011년 3월에 이미 1,000만 대를 돌파했다지요. 올해 안에 2,000만 대를 넘어설 것이라는 예측도 나옵니다. 그러나 스마트폰이 등장하기 이전부터 무선으로 대용량 데이터를 주고받는 초고속 인터넷이 가능해진 휴대전화는 정보 송수신의 '제왕'이 될 것으로 여겨졌습니다. 언제 어디서나 휴대전화로 찍고 기록하고 읽는 유비쿼터스형 글쓰기와 읽기가 이미 작동하고 있었으니까요. 이런 시대에 부응하기 위해 앱(애플리케이션)이라는 새로운 유형의 전자책도 등장했습니다. 스마트폰이나 태블릿 PC로 앱을 쉽게 즐길 수 있기에 곧 엄청난 시장이 열릴 것이라고 호들갑을 떠는 사람들도 있었습니다.

그로부터 약 1년이 지났습니다. 그동안 전자책이 적어도 2배 가까이 성장한 것만은 분명하지만 전체 점유율에서는 아직 미미한 수준입니다. 특히 한국이나 일본에서는 아직 확실한 비즈니스 모델도 만들지 못했습니다. 영어권과 달리 아시아권은 앱에서 활용할 수 있는 글자 폰트조차 제대로 만들어놓지 않았기 때문에 글자가 깨져 읽을 수 없는 수준인 경우가 많기 때문이지요. 물론 지금 이 순간에도 수많은 앱이 만들어지고 있습니다. 그러나 대부분은 탄생하자마자 바로 소멸되는 일이 반복되고 있습니다. 그러니 많은 출판인들은 새로운 '문명'의 트랙에 올라타지 못하고 서성이고 있습니다.

이제는 구입한 책을 절단한 다음 스캔해서 아이패드에 넣어다니는 사람들마저 생겼습니다. 그래서 일본에서는 절단기와 스캐너가 특수를 맞이했다지요. 바쁜 사람을 위해 이런 일을 대행하는 '북스캔'이란 새로운 업종까지 등장해 점차 시장을 확대해가고 있습니다.

이제 우리는 새로운 문명에 대해 냉철한 판단을 해야 할 것 같습니다. 종이책은 죽고 전자책은 산다는 '죽기살기'식의 극단적인 논쟁은 사라져서 다행이지만 모두가 디지털로 달려가는 것이 과연 옳은 것인지에 대해 냉정한 판단이 필요합니다. 우리는 정확한 통계가 없으니 일본의 예를 들어보지요.

한때 미국보다 규모가 컸던 일본 전자책 시장의 중심은 어디까지나 휴대전화입니다. 전자책 전체 매출 중 휴대전화로 판매되는 전자책은 85퍼센트 정도를 차지하고 있는데 만화, 휴대전화 소설, 사진 등이 대부분입니다. 40대까지가 만화세대라서 그런지 그 중 만화가 80퍼센트 이상을 차지합니다. 주로 에로틱한 성인만화들이 큰 인기를 끌고 있습니다.

휴대전화 소설은 어떨까요. 『전자서적과 출판』에서 도쿄전기대학 출판국장 우에무라 야사오는 지금 일본에서 유통되는 휴대전화 소설이 120만 종이나 된다고 밝히고 있습니다. 현재 유통되고 있는 종이책이 80만 종인데 그 중 60만 종만 서점에서 쉽게 구입할 수 있답니다. 휴대전화 소설은 너무 선정적이어서 지하철에서는 누가 볼까 두려워 읽지 못하고 주로 침대에서 읽는다고 하네요. 사진 또한 연예인들의 에로틱한 장면이 많겠지요.

같은 책에서 IT기업 경영자인 하시모토 다이야는 "아이패드는 청소년의 나이트라이프nightlife를 혁신하는 디바이스가 되지 않을까 싶어요. 아이패드라면 이불 속에 숨어서 읽을 수도 있고 필요 없어지면 바로 지울 수도 있잖아요. 나름 독특한 서비스를 제공한다는 의미에서 충분히 시장성은 있다고 봐요. 또 하나는 전자사전이겠죠. 아이들이 부모님에게는 아이패드를 전자사전이라고 우겨서 산 다음에 핑크 콘텐츠(성인 에로물)를 탐독하면 되는 거죠"라고 말합니다. 어떻습니까? 이제 이불 뒤집어쓰고 스마트폰이나 아이패드를 갖고 놀고 있는 아이들을 감시해야 하는 것은 아닐까요.

세계적인 IT 전문가인 니콜라스 카는 『생각하지 않는 사람들』(청림출판)에서 트위터, 페이스북, 구글과 아이패드 등 날로 진화하는 소셜미디어가 인간의 사고능력을 매우 얄팍하고 가볍게 만든다고 경고했습니다. 인터넷은 관련 정보가 어디에 있는가를 정확하게 알려주지만, 인간의 자아를 구성하는 특별한 개인적 특성뿐만 아니라 우리가 공유하는 문화의 깊이와 특성까지 위협한다는 것이지요. 그는 이를 증명하기 위해 인류 역사에서 미디어 기술이 뇌의 구조를 어떻게 바꿔왔는가를 탐구한 연구결과를 일일이 제시하고 있습니다.

앤드루 킨은 『인터넷 원숭이들의 세상』(한울)에서 구글, 유튜브, 위키피디아 등에서 평범하기 그지없는 산출물을 끊임없이 산처럼 쏟아내는 수백만의 사람을 '인터넷 원숭이'로 표현했습니다. 그는 아마추어 컬트에 불과한 인터넷 원숭이들이 종횡무진 활약하는 웹2.0이 진실을 훼손하고 있으며, 그곳에서는 공론의 질이 위협당하고, 표절과 지적 재산권 침해가 횡행하며, 창의성이 질식당한다고 정리했습니다. 새로운 기술은 언제나 검의 양날처럼 선과 악, 은총과 저주를 함께 품고 있습니다. 자, 이번의 기술 유혹에 우리는 어떻게 대응해야 할까요.

2011. 5. 16

대학의 몰락이 띄운 『아프니까 청춘이다』

몇 년 전에 한 고등학교에 '잡상인과 대학교수 출입금지'라는 경고문이 나붙었다지요. 하긴 요즘 대학교수들은 바쁩니다. 정원미달이 속출하는 바람에 신입생을 구하러 고등학교를 열심히 찾아다녀야 하고, 졸업생의 취업률을 높이기 위해 지인들에게 제자들의 취업을 부탁하느라 여념이 없습니다. 제대로 연구할 시간도 없이 학생 관리에만 열중해야 하는 프로페서리아트(프로페서+프롤레타리아트)로 전락하고 있는 것이지요.

이런 상황이 개선될 여지는 거의 없어 보입니다. 무엇보다 아이들이 태어나지 않습니다. 2000년에 1,138만 3,000명이던 학령인구(6~21세)는 2010년에 990만 1,000명까지 줄어들었습니다. 2020년에는 743만 4,000명으로 줄어든다지요. 지난 10년 동안에는 148만 2,000명'밖에' 줄지 않았지만 다가오는 10년 동안에는 246만 7,000명이나 줄어든다고 합니다.

저는 해마다 연말이면 여러 대학에 취업특강이라는 것을 가곤 하지만 그들에게 희망의 말을 해주기가 어렵습니다. 출판동네만 살펴보아도 신입사원을 거의 뽑지 않은 지 오래됐습니다. 왜냐고요. 요즘은 책 기획 같은 핵심 업무까지도 외주로 일을 처리할 수 있어 '1인 출판'마저 가능합니다. 외주 교정비는 10년 전과 같은데도 외주 일을 하겠다는 프리랜서 노동자는 넘칩니다. 대학을 막 졸업하는 사람이 임금이 싸면서도 숙련된 오랜 경력자와 경쟁해서 이길 수는 없습니다. 그러니 초보자는 일해볼 기회가 원천적으로 차단되는 셈이지요.

막 졸업한 사람들을 면접해본 사람들은 혀를 차곤 합니다. 1980년대만 해도 대학생들은 구조주의, 포스트모더니즘, 탈구축, 문화연구 등을 토론하면서 세상을 주도하고 싶은 욕망을 맘껏 발산했지만, 지금은 다릅니다. 하긴 요즘 인문과학은 인지과학, 뇌과학, 정보과학 등에 주도권을 빼앗기는 바람에 제대로 된 비전을 제시하지도 못하고 있지만요.

인간과학의 자연주의화로 찬밥이나 말아먹던 인문학자들이 '인문학의 위기'를 부르짖은 것이 2006년입니다. 그때부터 그들은 국가를 협박해 '한국학술진흥재단'(현 한국

연구재단)으로부터 연구비를 타내 열심히 연구했습니다. 하지만 그 연구의 성과물들이 보여주는 '교양'의 수준은 한심하기 그지없습니다. 그들은 아직도 '그들만의 리그'를 벌이며 자신들이 공부하던 과거의 틀에 안주하고 있습니다. 인문학이라는 구호만 외칠 줄 알았지, 어떤 인문학이어야 하는가에 대해서는 관심조차 없었던 것으로 보입니다.

지금 이 순간에 눈 깜빡하는 사이에도 새로운 제품이 등장해 우리를 유혹할 만큼 세상은 급격하게 변하고 있습니다. 이런 세상에서는 파워포인트로 압축 요약해 던져주는 알량한 지식으로 스펙을 쌓기에 급급했던 대졸자들을 '일회용'으로 이용할 이유조차 찾기가 어렵습니다. 그러니 우리 대기업들이 외국 박사만 선호하는 것이 아니겠습니까.

스스로 사물에 대해 생각할 줄 알고, 자신의 인생에 대한 합리적인 판단을 할 수 있을 정도의 유연한 사고와 지식을 갖춘 사람이 좀처럼 없습니다. 대학 4년 동안 자신이 하고 싶은 일의 방향이라도 가닥을 잡은 사람조차 찾아보기 어렵습니다.

부모 세대가 '젊은' 나이에 정리해고를 당하는 모습에 놀라 막연히 자신의 미래가 불안해진 수많은 젊은이가 하늘의 별 따기 만큼이나 어려운 공무원 시험에나 몰두하는 모습은 넘치지만 말입니다.

모든 곳에 정보가 편재하고 실제 세계가 데스크톱화된 시대, 정보와 지식이 범람하는 시대에는 새로운 지식과 사유체계가 필요합니다. 중요한 사안이 발생할 때마다 즉각적으로 자기 의견을 내놓는 상상력이 필요합니다. 하지만 1년에 1만 명이나 배출되는 박사들은 정보와 지식이 희박하던 시절의 '계몽적 지식'조차 갖추지 못한 어설픈 논문이나 쏟아내고 있습니다. 그들 비정규직 박사(시간강사)는 연봉이 990만 원도 안 되는 워킹푸어로 전락해 학생들에게 좌절감만 심어주고 있기도 합니다.

대학은 사실상 몰락했습니다. 그런 대학을 졸업한 사람들 중에서 넷 중 하나는 실업자입니다. 나머지도 대부분 비정규직입니다. 상장기업에 취업한 사람들조차 둘 중 하나는 1년 안에 그만둡니다. 미래가 불안해 결혼이나 출산을 포기하는 사태가 속출합니다. 소비자가 급격하게 줄어들면서 경쟁이 치열해지니 대학이나 기업이 도산상태에 빠지는 것은 너무나 당연합니다. 그러니 우리 사회는 청년들이 갖고 있는 미래에 대한 불안감부터 서둘러 해소시켜주어야 합니다. 노동의 유연화를 추구하던 서구사회가 방향을 180도 바꾸어 정규직을 늘리기 시작한 것처럼 말입니다.

하지만 당분간 우리에게는 그런 '기적'이 일어날 것 같지 않습니다. 이명박 대통령은 2009년 5월의 비상경제대책회의에서 "노동 유연성 문제를 올해 말까지 최우선적으로 해결해야 한다"며 고용 관련 법규와 관행의 개혁을 강력하게 주문한 바 있습니다. 경제단체 하수인 수준의 발언이나 하고 있는 대통령의 마음을 돌리려는 정책 입안자들은 눈을 씻고 보아도 찾기 어렵습니다.

한마디로 미래에 대한 희망을 갖고 있는 젊은이를 찾아보기 어렵습니다. 요즘 그런 젊은이들을 위로하는 책 한 권이 장안의 지가를 높이고 있습니다. 김난도 교수의 『아프니까 청춘이다』(쌤앤파커스)입니다. 김 교수는 "젊은 그대들에게 부족한 것은 스펙이나 학점, 자격요건이 아니라 자신에 대한 성찰이라는 사실을 절감"하라고 충고합니다. 삶의 벼랑으로 내몰리고 있는 젊은이들이 이 정도의 '교과서적인 조언'에 감동해 눈물을 흘리고 있다는 사실 자체가 너무나도 안타까운 세월입니다

2011. 2. 21

게임적 리얼리즘의 시대

북한 지방 관료의 일곱 번째 딸로 태어나 중국에서 안마사를 하다 영국에서 9·11테러를 겪는 바리의 인생 유전을 다룬 황석영의 『바리데기』(창비)를 읽어보셨나요? 2007년에 출간된 이 소설은 단편 미학의 백미인 『객지』에 비해서는 치밀한 설정이 아쉬웠고, 『장길산』이 갖는 중후한 세계관에는 미치지 못했습니다. 그래서 고희를 넘긴 한 평론가는 황석영도 이제 환갑을 한참 넘기니 힘이 떨어졌나, 하고 말했다지요. 하지만 나는 이 작품이 황석영의 대표작이 될 수도 있을 것이라고 말했습니다. 종이나 펜보다 마우스와 스크린에 익숙한 젊은 세대가 황석영의 작품 중에서 『바리데기』를 가장 좋아하는 작품으로 꼽을 이유가 충분하다고 본 것이지요.

지금 인터넷이나 휴대전화에는 정치 분석에서부터 종교와 음모론, 낱낱이 까발려진 개인의 사생활, 내부고발 등

온갖 이야기가 범람하고 있습니다. 젊은이들이 종이책은 읽지 않아도 그런 이야기에는 밤새는 줄도 모르고 빠져들지요. 게다가 그곳에는 만화, 게임, 애니메이션, 라이트 노벨, SF, 판타지, 무협 등 재미난 것들이 넘쳐납니다.

그러니 소설 '책'은 갈수록 팔리지 않습니다. 신경숙의 『엄마를 부탁해』가 150만 부 넘게 팔리고 19개국에 저작권을 수출하며 선인세만도 4억 원을 챙겼다지만 팔리는 소설은 그야말로 손꼽을 정도이고 대부분은 초판 3,000부도 팔리지 않습니다. 그런 현실에서 황석영은 '젊은 독자에게 읽히는 소설을 쓰자'는 각오를 컴퓨터에 붙여놓고 이 소설을 썼다지요.

황석영을 좋아했던 사람들이 실망하는 소리도 간간이 들었지만 저는 문학평론가 강경석이 『바리데기』의 특징으로 "촬영용 스크립트에 가까운 간결하고 평이한 서술, 현실과 허구를 넘나드는 자유로운 이야기 전개, 그리고 동시대 현실에 대한 날카롭고 명쾌한 통찰"이라고 분석한 글을 읽고는 무릎을 쳤습니다. 황석영은 문장이 짧아 읽기 쉽고 영화처럼 이야기 전개가 빨라지면서 캐릭터는 강화되는 『개밥바라기별』(문학동네)과 『강남몽』(창비)을 연이어 내놓으며 인기를 얻었습니다.

드라마 〈성균관 스캔들〉이 인기를 끌었다지요. 정은궐

장편소설 『성균관 유생들의 나날』(파란미디어)이 원작이지요. 할리퀸 로맨스, 무협, 역사, 추리, 판타지적인 장점이 녹아든, 매우 독특한 맛이 느껴지는 소설입니다. 인간의 심리를 어쩌면 그렇게 잘 묘사하던지요. 이 소설의 최대 장점은 살아 있는 캐릭터입니다. 남장을 하고 성균관에 파고드는 김윤희는 이 시대 여성들의 로망일 것입니다. 하여튼 요즘 유장한 역사를 다루는 역사 드라마는 사라지고 〈선덕여왕〉〈추노〉〈동이〉처럼 캐릭터가 살아 있는 '캐릭터 역사 드라마'만 뜬다고 합니다.

저는 최근 올해 청소년 문학상 수상작들에 대한 서평을 쓰다가 황석영의 고민이 바로 이것이 아니었을까, 하는 실마리 하나를 찾았습니다. 제1회 '대한민국 문학&영화 콘텐츠 대전' 수상작인 『철수맨이 나타났다』(살림Friends)의 작가 김민서와 제8회 '사계절문학상' 대상 수상작인 『합체』(사계절)의 작가 박지리는 공교롭게도 1985년생입니다. '88만원 세대'라는 가혹한 문패를 안겨주던 2007년에 그들은 대학교 4학년이었습니다.

『철수맨이 나타났다』에 등장하는, 수도권의 평범한 개발 신도시에서 20년 넘게 누군가가 궁지에 빠질 때마다 나타나 구해주는 전설의 영웅 '철수맨'은 아이들끼리 진정한 히어로가 누구인가로 다투게 하던 스파이더맨과 슈퍼맨,

배트맨의 변형이었습니다. 계룡산에서 도를 닦았다는 자칭 '계도사'한테 키 크는 '비기'를 전수받고 형제가 계룡산 형제동굴에서 33일간 수련을 하는 『합체』는 홍콩 무협의 한 장면처럼 보였습니다.

'88만원 세대'는 비정규직이 범람하는 세상에서 사회에 첫발을 내디뎠습니다. 대한민국의 어떤 세대보다 스펙을 제대로 키우고 인터넷이나 소셜미디어에도 익숙한 그들은 절대빈곤을 겪지는 않았습니다. 하지만 그들 대부분은 법정 최저임금보다 낮은 아르바이트를 하는 과정에서 인간적인 모욕을 경험한 적이 있기 때문에 물질적 압박이 주는 심각함을 잘 알고 있습니다. 노동의 유연화가 심각하게 진행되어 공무원처럼 정년이 보장되는 안정적인 일자리를 보수적으로 선택하고 있기도 하지요.

하지만 그들은 정보를 일방적으로 소비하는 '다운로드 세대'가 아니라 자신의 생각을 수없이 올리는 '업로드 세대'입니다. 그들은 현실에서는 고통 받고 힘들어하지만 영웅 전설이나 무협의 캐릭터가 넘치는 세컨드 라이프second life(가상현실)에서는 한없이 즐거워합니다. 한 캐릭터에 집착하는 것이 아니라 데이터베이스화된 캐릭터들에서 가장 빛나는 요소만 추출한 뒤 '2차적 생산'으로 자신만이 만족하는 새로운 캐릭터를 창조해 공유하면서 타자의 욕망까지 욕망하고 있습니다. 두 소설의 주제는 익숙한 게임을 보는 듯하지만 캐릭터만은 살아 있어 빠르게 읽히지요.

일본의 문예비평가 아즈마 히로키는 『게임적 리얼리즘의 탄생』에서 게임을 리셋하면 몇 번이라도 다시 살아나는 게임의 캐릭터 같은 게임적 리얼리즘이 근대가 낳은 자연주의적 리얼리즘을 대체할 것이라 말했습니다. 마우스와 스크린에 익숙한 젊은 세대는 힘겨운 현실조차 게임적인 현실로 치환하는 이야기를 스스로 만들어내면서 또 함께 소비하려 든다고 볼 수 있을 것입니다. 그러니 황석영이 스스로의 장점을 포기하고 '캐릭터 소설 3부작'을 쓴 것은 아닐까요?

2010. 11. 29

독(讀)－책으로 세상을 '읽다'

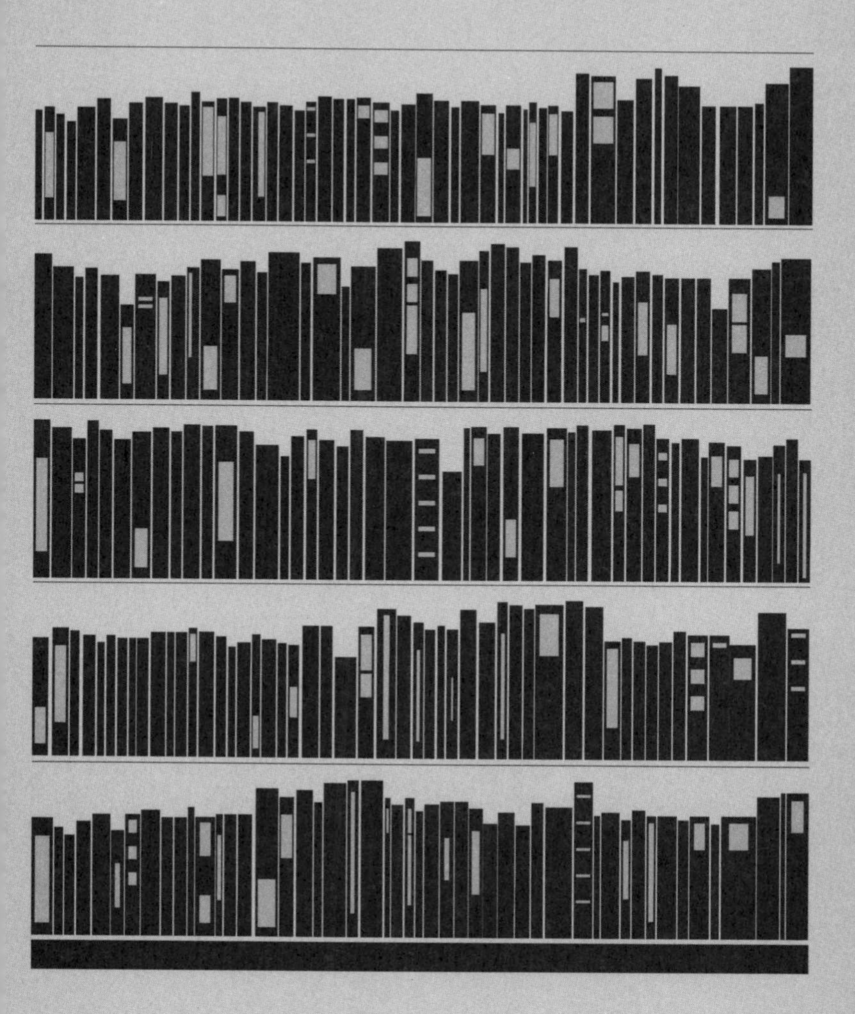

'글로벌 옥션'과 잉여사회

'세계화의 전도사'인 토머스 L. 프리드먼은 국내에 2005년 말 소개된 『세계는 평평하다』에서 "국경과 민족의 경계를 뛰어넘는 지구촌 경제체제, 즉 누구에게나 동일한 기회와 자유가 주어지는 세계화"를 거스를 수 없다고 주장했습니다. 이 책을 움직이는 축은 한마디로 '아웃소싱'입니다. 그래서 이 책을 소개한 한 신문의 기사 제목은 "인도 가난한 소년이 하버드 여대생 일자리를 빼앗는다"였습니다.

이 책이 나온 후 보수 논객 공병호 박사는 "세계화는 세계 전체가 자원 배분의 합리성을 더욱 높여가는 일련의 과정이란 특성을 갖고 있다. 협소한 시야에서 보면 날아가 버리는 일자리에 분노할 수 있지만 시장의 확대는 대다수 사람에게 전문화와 분업의 이점을 누릴 수 있도록 돕는다"며 프리드먼의 주장을 적극 옹호하는 글을 한 신문에 발표했습니다.

공 박사는 "평평한 세계에서 자신을 보호해 줄 수 있는 것은 조직이나 국가가 아니라 바로 자신이며, 그 누구도 자신을 대체할 수 없는 사람으로 만들어야 한다는 것이다. 늘 자신의 일이 '아웃소싱의 대상이 될 수 없도록 하라'는 절체절명의 과제를 안은 사람들이 바로 이 시대를 사는 사람들이다. 이 세계는 세상을 어두컴컴하게 보는 사람들에게 암울함과 불안감으로 가득 차 있겠지만 변화의 흐름을 직시하고 본질을 이해하는 사람에겐 대단히 역동적인 미래가 펼쳐지고 있다"고 속삭였습니다.

필립 브라운, 휴 로더, 데이비드 애쉬턴이 함께 쓴 『더 많이 공부하면 더 많이 벌게 될까』(개마고원)에서는 프리드먼이 제시한 긍정적인 미래인 '평평한 세계'를 '기회의 바겐'이라고 말하고 있습니다. 저자들은 "지식전쟁은 경쟁을 통해 미국인들의 기량을 더욱 향상시킬 것이고, 가장 뛰어난 혁신적인 아이디어를 창출할 것"이기에 인도와 중국 같은 "신흥국과의 경쟁에 미국의 중산층마저 휘말릴 것이라고 걱정할 아무 이유가 없다"는 프리드먼의 가설은 틀렸다고 주장합니다. '기회의 바겐'은 '기회의 덫'이 되었다는 것이지요.

이 책의 원제는 '글로벌 옥션'으로 "국경을 뛰어넘는 노동자 고용 시스템", 즉 "가장 값싼 임금을 제시하는 사람이

고용되는 역경매 시스템"을 말합니다. 미국 기업의 일을 인도나 중국의 노동자가 자국에서 아웃소싱으로 처리하는 세상이 되긴 했습니다. 폭발적으로 늘어나는 신흥국의 대졸자들이 고급 노동력을 염가 할인하는 역경매 방식으로 일자리를 빼앗아가는 바람에 미국의 대졸자들은 실업자로 전락하고 있으며, 설사 취업을 하더라도 저임금에 시달리고 있습니다.

"대학만 졸업하면 취업시장에 뛰어들었을 때 높은 보수를 받을 수 있다는 믿음 아래 (미국) 사회는 개인들에게 대학 졸업장을 따기 위해 빚을 지도록" 권유하고 있지만 이제 그런 구조에서의 승리자는 극히 소수에 불과하다는 점을 이 책은 강조하고 있습니다. '글로벌 옥션'으로 말미암아 관리자급 노동자, 전문직, 기술자들은 일자리 시장에서 입지가 점차 약화되고 있어 "성실하고 능력 있는 노동자들이 높은 생활수준을 누릴 수 있다는 약속"은 깨졌다는 것을 저자들은 입증해보이고 있습니다.

그렇게 된 이유로 저자들은 '디지털 테일러리즘'을 제시합니다. "자동차·컴퓨터·텔레비전과 같은 제품의 부품을 전 세계에서 나눠서 생산하고 고객의 수요에 맞게 조립·판매하는 방식"이 서비스 업무에도 도입되기 시작했습니다. 그 바람에 회계사·교수·엔지니어·변호사·컴퓨터 전문가와 같은 직업도 이제는 더 이상 수입·직업안정성·커리어 전망을 보장해주지 못하고 오로지 1등만 살아남는 '승자독식' 구조로 빠져들고 있답니다.

한때 유학생 세계 1위를 기록했던 우리의 현실은 어떨까요? 불경기와 중화권 유학생의 증가로 유학생 수는 세계 1위에서 4위로 내려앉았지만 유학생 규모는 18만 2,300여 명으로 여전히 많습니다. 이중 절반가량이 '아메리칸 드림'을 꿈꾸며 미국으로 유학을 떠났지만 졸업 후 현지 취업은 '하늘의 별 따기'라 서둘러 귀국하고 있습니다. 자녀의 유학 때문에 우울증에 시달리는 '기러기 아빠'가 크게 증가하는 바람에 이들의 고달픈 삶을 조명한 〈수상한 가족〉이라는 드라마가 방영되기도 했습니다.

이제 남아도는 고급 인력의 처리가 문제입니다. 『잉여사회』(최태섭, 웅진지식하우스)는 도무지 쓸 데를 찾을 수 없는 '잉여인간'을 화두로 우리 사회를 명쾌하게 정리해낸 책입니다.

저자는 연애·결혼·출산을 포기한 '삼포세대'가 취업마저 포기해 '사포세대'로 진화했다고 말합니다. 잉여인간들은 "우리들의 시대에 가장 대중적이고 절박한 문학의 형식"인 '자기소개서'를 창작하느라 바빠 책을 읽을 시간도 없습니다. "기술의 발전을 통해 과거 10명이 할 일을 혼자

떠맡게 된 사람이 과로로 죽어가는 동안, 다른 9명은 손가락을 빨고" 있다가 "누군가가 과로로 쓰러질 때만 나머지 9명 중 1명에게 과로할 기회가 주어"지는 세상이니까요.

저자는 잉여의 존재론적 위상은 '좀비'와 '유령'일 뿐이랍니다. "살아 있음과 죽음, 존재와 비존재 사이를 위태롭게 오가는 오늘날 잉여들의 상징이다. 잉여는 죽어도 죽지 않고, 살아도 살지 못한다. 잉여가 세상에 줄 것은 오로지 역설뿐"이라네요. 우리는 언제쯤 이 잔혹한 세상에서 벗어날 수 있을까요?

2013. 9. 23

『정글만리』와 경제위기

"경기 침체의 끝이 보이지 않는다. 누구도 돈을 쓰려 하지 않는다. 샐러리맨 월급은 제자리걸음이고, 매일 퇴직자 수천명이 거리에 쏟아진다. (중략) 주가가 오르면 친구에게 삼겹살이라도 한턱내겠지만, 마음에 여유가 없다. 집값은 떨어지는데 전셋값은 폭등한다. 집주인, 전세입주자 모두 불안해서 더욱 허리띠를 졸라맨다. 돈을 안 쓰니 동네 슈퍼, 음식점, 빵집, 노래방도 몽땅 불황으로 아우성이다. 그러니 세금도 안 걷힌다."

2013년 7월 10일자 〈조선일보〉에 실린 김영수 조선경제i 대표의 칼럼 「문제는 경제야, 바보야!」에서는 지금의 경제위기가 심각함을 이렇게 정리했습니다. 미국의 저리자금과 중국의 강력한 성장률에 의존하던 이머징 국가들의 위기를 경고하는 목소리도 연일 터져 나오고 있습니다. 우리나라의 수출 의존도는 중국이 25퍼센트, 미국 10.7퍼센트,

유럽연합(EU) 11.5퍼센트, 일본 6.1퍼센트의 순서이니 위기이지 않을 리 없겠지요.

정치권도 아우성이긴 합니다. 박근혜 대통령이 국무회의에서 "부처간 이견이 있는 사안들에 대해 현오석 부총리가 제대로 정책조율을 못하고 있다"고 지적하자 현 경제팀으로는 난제 해결의 리더십이 보이지 않는다는 새누리당 중진들의 질타가 줄을 이었습니다. 자질과 리더십 문제로 국회 청문회를 통과하지 못한 사람을 능력이 출중하다며 임명을 강행할 때가 바로 엊그제 같은데, 벌써 능력이 부족한 경제관료 한 사람만 교체하면 어려운 경제문제가 술술 풀려나갈 것처럼 말하고들 있네요.

우리 경제에 중국은 이제 가장 큰 변수가 되었습니다. 중국은 2010년에 G2 자리를 꿰찼습니다. 『태백산맥』『아리랑』『한강』 등 걸출한 한국현대사 3부작의 작가 조정래가 20년여의 장구한 취재 끝에 최근 발표한 장편소설 『정글만리』(이상 해냄)에는 중국이 2016년에 G1에 올라설 것이라는 예측이 나옵니다. 국제통화기금(IMF)이 이미 오바마가 유일 초강대국 미국의 마지막 대통령이 될 것이라고 예측했다는 사실과 함께요.

'정글만리'는 약육강식과 적자생존이 원칙인 '정글'과 만리장성의 '만리'에서 온 것으로 중국의 현주소를 상징합니다. 제목이 암시하는 것처럼 이 소설은 세계 경제의 중심으로 자리 잡은 14억 인구의 중국을 무대로 한국, 중국, 일본, 미국, 프랑스 등 다섯 나라의 비즈니스맨들이 벌이는 숨 막히는 경제전쟁의 현장을 흥미진진하게 그리고 있습니다. 워낙 속도감이 있어 긴 소설임에도 단숨에 읽힙니다.

작가는 소설에서 "새로운 개성공단을 10개쯤 만들어내면 된다. 교통이 편리하고, 북쪽 체제보장에 아무 탈이 없도록 서해안 쪽에 5개쯤, 그리고 동해안 쪽에 5개쯤 새로 만들면 그 얼마나 좋겠는가. 그 일의 성취는 북쪽의 경제난을 극복할 수 있는 첩경이 될 것이며, 남쪽에서는 2만 달러로 도약하는 결정적인 탄력을 받게 될 것이다. 그리고 그 경제협력은 서로의 통일비용을 줄여가는 데 크게 기여할 것"이라는 주장을 담은 2000년대 초반에 쓴 자신의 칼럼을 인용하고 있습니다.

그렇습니다. 한국경제의 숨통을 트는 데는 무능한 경제관료의 교체도 중요하지만 그 이전에 중국과의 협력을 통한 남북 경제교류 활성화가 가장 큰 변수가 될 것입니다. 정치와 군사를 중시하는 하드파워 전략을 펼친 미국과 달리, 중국은 경제와 문화를 중시하는 소프트파워 전략을 중시하기 시작했습니다. 게다가 정통성을 갖춘 시진핑 주석은 부국부민을 최고의 가치로 여기고 있습니다. 어쩌면 그는 부국부민을 최초로 이룩한 재상인 제나라의 관중을 역할모델로 삼고 있을 것입니다. 아시아나 비행기 사고로 한국인이 아닌 중국인이 죽은 것이 천만다행이라고 떠들어도 모른 척하며 봐주고 있는 이때가 우리에게는 최고의 호기일 것입니다.

중국은 자국의 이익을 위해 세계 분쟁을 끊임없이 조성한 미국이 몰락해가고 있는 역사를 결코 되풀이하지 않을 자세입니다. 세계 각국에 설치되는 '공자학원'을 보십시오. 그들은 정치의 칼날이 아닌 경제의 칼날을 휘두르려 하고 있습니다. 아마 그들이 우리에게 실망해 경제적 보복을 가하려는 순간 우리는 한없는 추락을 감수해야 할 것입니다.

"예수가 탄생한 이후, 그러니까 서기 2000년 동안에 중국은 2세기 정도만 빼고는 1800년 동안 GDP가 세계 1위였어요. 세계에서 1등 가는 부자나라였던 거지요." 그렇습니다. 한나라에서 청나라까지 중국은 경제규모가 세계 1위였습니다. 지금 중국 전체의 GDP는 5,000달러에 불과하지만 상주인구가 2,000만 명인 상하이는 2만 달러에 육박하고 있습니다. 작가는 중국에서 2만 달러 수준인 사람이 이미 2억 명을 넘어섰다고 말합니다.

"우리 중국사람들이 한국사람들을 좀 석연찮게, 좀 뜨악하게 생각하고 있는 게 그 점 때문이야. 돈은 중국에서 다

벌어가면서, 방위는 중국을 견제해 대는 미국편에 서 있는 것 말이야. 그래서 어느 지식인이 이렇게 비판했잖아. 한국은 도자기점에서 쿵푸를 하고 있다. 그거 얼마나 표현을 잘했어. 도자기점에서 쿵푸를 하면 어떻게 되겠어? 도자기들 다 박살내는 거지. 한국이 계속 그런 식으로 했다간 중국과의 관계는 도자기점이 될 수밖에 없잖아."

저는 이 대목을 읽으면서 박근혜 정부의 국방과 외교를 완전 장악하고 있는 군 출신의 매파들이 우리 국민 모두를 쪽박 차게 만들 것 같은 두려움에 전율했습니다. 그래서 저는 남북문제에 속수무책인 이 정부의 관료들부터 『정글만리』를 꼭 읽어보았으면 합니다.

2013. 7. 23

아버지들이 돌아오고 있다

웹툰 원작의 영화 〈은밀하게 위대하게〉가 5일 만에 300만 관객을 동원했다 해서 서둘러 보았습니다. 역시 어머니 이야기더군요. 어려울 땐 웃고 울리는 감동의 가족 이야기가 뜨게 되어 있습니다. 글로벌 금융위기 때 등장한 신경숙의 『엄마를 부탁해』가 대표적입니다.

"평범한 나라에, 평범한 집에, 평범한 아이로 태어나서, 계속 평범하게 살다 죽는" 게 꿈인 간첩 원류한(김수현)은 어머니의 안전만 책임져주면 조국을 위해 목숨을 버리겠다는 사람입니다. 밤마다 북의 친어머니에게 편지를 쓰는 그는 남쪽의 엄마인 달동네 슈퍼 주인에게 "엄마 아프지 마요"라는 글을 담벼락에 새겨놓고 떠납니다. 엄마에게 매달 20만 원씩 받은 월급 모두를 입양간 아들을 그리워하는 동네 여인에게 줍니다. 영화의 마지막에서 그는 남쪽의 엄마가 몰래 챙겨준 월급통장을 넘겨봅니다. 그 통장에는 "동구 월급 … 우리 동구 월급 … 우리 둘째아들 … 아들 장가밑천"으로 명목이 바뀌며 월급도 10만 원씩 올라가 있더군요.

그러면 아버지 이야기는 어떨까요. 1996년 김정현의 『아버지』(문이당)에서 아버지는 가정과 직장과 사회에서 버림받고 쓸쓸히 죽어갑니다. 2000년대 초 『가시고기』(조창인, 밝은세상)에서는 간암에 걸린 아버지가 각막을 팔아서까지 백혈병에 걸린 아들을 살리려고 합니다. 이들은 사실상 무능하기 짝이 없는 아버지들이었습니다.

2003년에 '카드대란'이 터지자 드디어 『남자의 탄생』(전인권, 푸른숲)이 이뤄집니다. 여기서 남자는 아버지입니다. 평생을 '권위주의'와 '자기애(나르시시즘)'라는 동굴에 갇혀 주위를 살펴보지 못한 인생이니까요. 젊은 작가 김애란의 첫 소설 『달려라, 아비』(창비)의 아버지는 아내의 임신 사실을 알고 집을 나간 뒤 죽을 때까지 집으로 돌아오지 않는 한심하기 짝이 없는 인간입니다. 이렇게 아버지는 언제나 '폐기품' 취급을 받았습니다.

그런데 이제 아버지들이 돌아오기 시작했습니다. '버킷리스트'를 실천하는 힐링 프로그램 〈남자의 자격〉이 폐지되고 아빠가 아내 없이 자식과 함께 여행하는 〈아빠! 어디가?〉가 MBC의 간판 오락프로그램으로 떠올랐습니다. 하기 싫은 일도 적극적으로 하는 아빠가 드디어 제 역할을 찾기 시작한 것입니다.

박범신의 소설 『소금』(한겨레출판)의 주인공인 선명우의 인생은 가출 전과 가출 후로 나뉩니다. 가출 전의 아버지는 빨대 하나 들고 세상의 구조에 충직하게 복무하던 아버지였습니다. 자식들에게 겨우 은행의 지불 창구 직원이나 가사 도우미 취급을 받았습니다. "불가사리 같은 자본 중심의 체제에 기생해 그 역시 빨대를 꽂고 죽어라 빨았으나, 넷이나 되는 처자식이 그의 몸뚱이에 빨대를 또한 꽂고 있었으므로 그가 빨아올리는 꿀은 턱없이" 모자랐습니다. "체제는 그에게 약간의 꿀을 제공하는 대신, 그를 계속 노예 상태로 두고 부려먹기 위해 그의 후방에 있는 처자식을 끊임없이 부추겨 그가 빨아 오는 꿀을 더 재빨리 소모시키도록 획책"했습니다.

그렇습니다. 이 땅의 모든 아버지들은 모두 체제가 만든 덫에서 헤어나기 어려웠습니다. 위정자들은 일반인보다 더 큰 빨대인 '깔때기', 일종의 '괴물 빨대'를 갖고 있었습니다. "자본주의적 세계 구조에서 아버지들은 그 체제에 항거할 능력이 전무"했습니다.

소금밭에 쓰러져 죽어가는 아버지를 향해 "달려갈 수도 없고 뒷걸음질 쳐 도망갈 수도 없었던" 경험이 있는 선명우는 막내딸의 생일날 실종됩니다. 아니 딸의 생일 선물을 찾으러 가다가 소금 자루가 실린 트럭의 가족과 조우한 그는, 그들로 인해 드디어 '통각'의 아버지를 떠올리고는 새로운 아버지로 다시 탄생합니다. 생산성이나 효율 따위를 집어 던지고 모든 불안에서 벗어난 새 가족의 아버지가 되어 '삶의 주체'로 거듭납니다.

『도중하차』(기타무라 모리, 새로운현재)의 주인공은 30대 후반에 잘나가는 잡지의 편집장이 된 아버지였습니다. 아들이 여섯 살 되도록 놀아준 적이 없습니다. 매일같이 마감에 쫓기다보니 깨어 있는 아들의 얼굴을 본 적이 없습니다.

그런 아버지가 폐쇄공포증에 시달리게 되면서 비행기와 기차를 탈 수 없게 됐습니다. 공황장애 판정을 받은 그는 조용히 회사에 사표를 냅니다. "참 어렵게 올라갔는데, 떨어지는 건 한순간"이었습니다. 그는 여섯 살의 아들과 여행을 다니기 시작했습니다. 처음에 아빠와 놀지 않으려 했던 아들이 네 번째의 동반여행에서 "아빠는 나를 제일 좋아하는구나"라고 말해 아버지는 7시간의 힘겨운 기차여행마저 거뜬히 이겨냅니다. 아버지는 아들에게 자신의 병을 숨기려 했지만 어린 아들은 처음부터 모두 알고 있었습니다. 언제나 그랬듯이 "아이는 항상 그렇듯, 어른의 생각 그 이상"입니다.

『도중하차』에 "상사도 부하도 아니고, 친구도 지인도 아니며, 가족도 아닌 입장. 모든 관계로부터 떨어진 곳에서 자신을 다시 바라보는 시간을 갖는 것이 인간을 성장시킨다"는 조언이 나옵니다. 그렇습니다. 이 땅의 빨대를 빨아대는 아버지의 자리를 포기할 때 진정한 아버지로 거듭날 수 있을 것입니다. 여러분도 모두의 생명을 살리는 소금 같은 진정한 아버지의 자리로 돌아와 감동적인 귀가를 하시지 않으렵니까.

2013. 6. 11

출판시장을 다시 일으키자

이명박 정부 5년 동안 출판시장은 처절하게 추락했습니다. 1990년대 이후 성장을 구가하던 아동서적과 청소년 책이 가장 힘들었습니다. 지금 우리 출판의 그림책 만드는 수준은 세계 최고입니다. 한때 우리는 영국의 DK나 프랑스의 갈리마르가 만들었던 책들을 놓고 감탄했지만 지금은 우리도 이만큼 만들 수 있다고 큰소리칠 수 있는 수준에 이르렀습니다. 우리 그림책이 해마다 세계적인 상을 수상하는 것이 우연만은 아닐 정도로 눈부신 상상력을 보여주고 있으니까요. 아울러 청소년 도서의 수준도 크게 일취월장했습니다.

하지만 이렇게 잘 만들어도 별로 팔리지 않습니다. 이명박 정부가 부활시킨 일제고사로 말미암아 책을 읽히지 않는 학교가 되어버렸기 때문입니다. 학생들을 문제풀이 기계로 만들어버린 일제고사는 성적에 따라 학교를 줄 세우고 학생의 신분을 구분하고 있습니다. 이에 뒤처지지 않기 위해 0교시와 야간자율학습, 휴일 등교 등을 아이들에게 강요하는 바람에 코흘리개 유치원생까지 사교육 시장에 내몰리는 형편이다 보니 아이들이 책 읽을 시간을 빼앗겨버렸습니다. 게다가 4대강 사업을 하느라 학교도서관이 책을 구입해야 하는 알량한 예산마저 대폭 삭감해버렸습니다.

이명박 정부는 아이들에게 책을 읽히려는 교육을 아예 포기한 것이나 마찬가지였습니다. 노무현 정권 후반인 2006년에 109명, 2007년에 104명, 2008년에 109명 등 모두 367명의 사서교사를 새로 임용해 3년 사이 두 배 이상 늘어났지만 이명박 정권 5년 동안 겨우 34명 임용에 그쳤습니다. 그나마 2011년 이후 3년 동안은 결원보충으로 달랑 한 명만 임용했습니다. 이러고서야 바람직한 독서교육을 기대할 수 없을 것입니다.

이런 환경에서 아이들을 키우고 싶을까요. 그러니 OECD 회원국 중 자살률 1위에다 출산율이 세계 최하위 수준이 된 것 아닐까요. 최근의 정치판을 뜨겁게 달군 안철수는 사실상 자신의 출마 이유를 밝힌 『안철수의 생각』(김영사)에서 한국을 "한마디로 지금 가장 불행하고 미래에 대한 희망이 없는 사회"로 규정했습니다.

안철수는 더 구체적으로 우리 현실을 이렇게 진단했습니

다. "갈수록 심해지는 경제 양극화와 실업, 비정규직, 가계 부채 등 우울한 문제들이 쌓여 있죠. 10대들은 입시 위주의 경쟁교육에 시들어가고, 20대는 비싼 등록금과 취업 등으로 고민하죠. 또 30·40대는 자녀의 사교육비와 집값, 전셋값으로 걱정이 태산이고요. 40·50대는 자녀들의 취업 걱정과 준비가 안 된 본인들의 노후문제가 있고, 60대 이상은 생계와 건강문제 등 가족 구성원 거의 대부분이 불안한 게 우리 사회의 모습"이라고요.

현실이 이러니 이명박 정권 5년 동안 출판시장에서 관통한 유일한 키워드가 자기치유(셀프힐링self-healing)였습니다. 늘 "내가 해봐서 아는데"라고 외치는 이명박 대통령이 국정을 농단하는 사이에 국민은 위로의 마음을 담은 공감의 한 줄 어록에 심신을 달랬습니다. 올해는 집착하지 않는 삶을 사는 것처럼 여겨지는 스님들의 말씀에 넋을 놓고 말았습니다. 어디 그뿐입니까? 말을 하지 못하는 인형인 '브라우니'에게 표정을 그려 넣으며 고통을 달랬고, 〈런닝맨〉의 '능력자' 김종국의 초감각에 열광했습니다. 〈개그콘서트〉의 허무개그인 '네 가지'의 하소연과 '용감한 녀석들'의 용기에 울분을 달래기도 했습니다.

영화 〈광해, 왕이 된 남자〉에서 "그대들이 말하는 사대의 예, 나에겐 사대의 예보다 내 백성들의 목숨이 백 곱절 천

곱절 더 중요하단 말이오!" 라고 외치는 가짜 왕(이병헌 분)에게 도승지 허균(류승룡 분)이 "백성을 하늘처럼 섬기는 왕, 진정 그것이 그대가 꿈꾸는 왕이라면 그 꿈 내가 이뤄드리리다" 라고 제안을 하는 모습이나 〈늑대소년〉에서 47년 만에 마을로 돌아온 백발의 여주인공이 "기다려. 나 다시 올게" 라고 쓴 자신의 마지막 편지 하나만 믿고 47년 전의 그 모습 그대로 자신을 기다리고 있는 늑대소년을 발견하고 오열하는 모습에 함께 넋 놓고 울기도 했습니다. 또 카카오톡이 유행시킨 애니팡, 캔디팡, 드래곤 플라이트 등의 게임을 하며 시간만 투자하면 게임 실력과 점수 앞에 누구나 평등한 가상현실에 중독되어 밤을 지새웠습니다.

한 역사학자는 이명박 정권이 출범할 당시 그래도 경제 하나는 살리지 않겠느냐는 주변의 기대감에 "바닷물이 짠지 어떤지는 새끼손가락으로 찍어봐서 간을 보면 알 수 있는 것이지 바닥이 드러날 때까지 배가 터지도록 바닷물을 마셔봐야 하는 것이 아니다" 라고 말해 찬물을 끼얹은 적이 있습니다.

새로운 5년을 이끌어갈 대통령 선거가 지난 연말 치러졌습니다. 지하경제 활성화, 5점8조, 이산화가스, 고위공직처비리수사처, 솔선을 수범, 바쁜 벌꿀, 전화위기의 계기, 민혁당, 대통령직 사퇴 등의 말실수를 연발하는 박근혜 후보에게 이명박 정권의 실정에 대한 의견을 물으니 마치 이미 대통령이나 된 것처럼 "그러니까 대통령하려는 것 아닌가요"라고 반문하더군요. 순발력과 재치는 지적 기반에서 나오는 법입니다. 우리가 이제는 태통령이 된 박근혜에게 험난한 국제정세를 헤쳐나갈 지혜를 기대할 수 있을까요. 어떠신가요. 다시 5년간 바닥이 드러나도록 바닷물을 퍼마셔 보시겠습니까.

2012. 12. 28

출판문화 진흥정책은 속 빈 강정

2012년 9월 26일 문화체육관광부는 낙하산 인사로 초대 한국출판문화산업진흥원장이 된 이재호 씨를 내세워 '출판문화산업 진흥 5개년 계획(2012~2016년)'을 발표했습니다. 새로운 정책이란 하나도 찾아볼 수 없었습니다. 재탕삼탕의 아이디어를 나열하고 예산을 칼질해 나눠주는 관례에서 조금도 벗어나지 못한 것이지요.

요즘 싸이의 〈강남스타일〉이 세계를 뒤흔들어서일까요. K팝Pop과 K스타일style이 뜨니 K북book을 갖다 붙이면서 '글로벌 출판문화강국'이라는 비전과 '출판문화 활성화를 통한 출판산업 경쟁력 강화'라는 목표를 설정한 다음 출판수요 창출 및 유통선진화, 우수 출판콘텐츠 제작 활성화, 전자출판 및 신성장동력 육성, 글로벌 '출판 한류' 확산, 출판문화산업 지속성장 인프라 구축 등의 5대 정책과제를 내세웠더군요.

정책 당국이 예전에 내세웠던 것은 'U(유비쿼터스)-book'이었습니다. 그때는 북토피아라는 전자책 회사가 그런 대로 잘나가는 것 같으니 그랬을 것입니다. 그러나 저작권료 59억 원마저 떼어먹은 북토피아는 2009년에 완전 도산했습니다. 이걸로 끝이 아닙니다. 이제 출판산업 자체가 붕괴될 것 같은 분위기입니다.

1994년에 5,683개로 정점을 찍었던 오프라인 서점은 2003년에 2,247개로 줄어들었으며, 2011년에는 1,752개가 되었습니다. 최근 8년 동안에만 29.3퍼센트가 감소했습니다. 할인경쟁으로 매출이 상승하던 온라인서점들도 2010년 이후 성장이 둔화되다가 2011년 이후에는 도서판매로 발생하는 수익률이 제로가 되었습니다. 2012년부터는 드디어 매출이 감소하는 심각한 상황을 맞게 되었습니다.

2012년 출판계와 문화부가 함께 실시한 유통실태조사에 따르면, 2010년에는 출판사들의 책 판매부수가 전년에 비해 8.5퍼센트 줄어들었고, 2011년에는 7.8퍼센트 감소, 2012년에는 8월까지 작년 동기간에 비해 11퍼센트 감소했습니다. 주요서점의 신간 판매비중이 2007년 56.7퍼센트에서 2011년 38.7퍼센트로 줄어들다 보니 2011년의 신간 발행종수는 2008년에 비해 23퍼센트나 감소했습니다.

우리나라 공공도서관은 759개로, 인구 비례로 따지면 주요국에서 최하위권 수준입니다. 전투기 한 대 구입할 비용에도 미치지 못하는 2011년의 공공도서관 자료구입비 669억 원은 국민 1인당 1,338원으로 선진국에 비해 3분의 1 수준입니다. 이런 현실에서 2012년 문화부 출판인쇄과 예산은 200억 원이 조금 넘습니다. 그 중에서 한국문학번역원 53억 원, 우수도서 선정 52억 원, 한국간행물윤리위원회 40억 원을 빼고 나면 59억 원밖에 남지 않습니다. 나머지 예산도 지리멸렬하게 쓰이는 것은 마찬가지이지만 가장 많이 쓰이는 세 곳을 중심으로 살펴보겠습니다.

한국문학번역원은 출범한 지 10년 남짓한 지금까지 550여 종을 번역 출간하는 성과를 올렸습니다. 외국의 영세한 출판사에 출판비용까지 대주면서 이룩한 '괄목할 만한 성과'입니다. 하지만 "작품 이해에 방해가 되는 오류가 쪽 당 1건 이하인 우수 번역서의 비중이 10퍼센트에 불과"하다는 자체 평가가 나와 있을 정도로 형편없는 번역서로 말미암아 망신당하는 작가들마저 속출하는 게 현실입니다.

2011년 봄에 신경숙의 『엄마를 부탁해』는 미국에서 출간돼 베스트셀러가 되는 개가를 올렸습니다. 이 소설은 이미 30여 개 나라에서 출간돼 호평을 받았습니다. 이 성과를 낸 에이전트는 이정명, 김영하, 조경란 등 수십여 명의 작품을 해외에 수출한 실적도 갖고 있습니다. 국가 예산을 대거 투입하는 기구가 만들어낸 성과가 한 에이전트가 이룩해낸 성과의 '새 발의 피'에도 못 미치는 셈이지요.

지난 5년간 310억 원이 투입돼 4,000여 종의 우수도서가 선정됐습니다. 선정 실무는 몇 년 전에 간행물윤리위원회(현 한국출판문화산업진흥원)로 넘어갔습니다. 저는 지난 9월 대학도서관 사서들로부터 이제 우수학술도서 선정 같은 행사를 그만 하면 어떻겠느냐는 항의를 들어야 했습니다. 사서들은 공짜로 보내주는 우수학술도서 중에서 구태여 비용을 들여 구입할 필요가 있는 책이 20퍼센트밖에 되지 않는다고 하더군요. 명확한 선정 기준 없이 학맥과 인맥, 연줄에 의해 선정되다 보니 혈세만 낭비한 셈이지요.

간행물윤리위원회는 주로 음란물을 적발하거나 비판서적을 탄압하기 위해 만들어진 기구입니다. 음란물을 적발하는 업무를 다른 문화 미디어 영역을 담당하고 있는 여성가족부로 넘기고 나면 사라져도 무방할 기구입니다. 인건비를 제외하면 예산도 별로 없어 하나마나한 일만 하는 조직이기도 하니까요.

그러면 문화진흥 정책은 어떻게 펼쳐야 할까요. 이제 정부는 백화점식으로 나열한 단기적인 정책에 대한 직접 지원은 최소한으로 줄여야 할 것입니다. 도로를 뚫고, 물과 전기를 공급하는 것과 같은 가장 기본적인 인프라를 조성하는 장기 정책에 몰두해야 할 것입니다. 처음부터 값이 싸게 책정된 양질의 책을 언제 어디서나 자유롭게 구입할 수 있는 완전 도서정가제 확립, 우수한 기획에 대한 자금을 일시적으로 융통해주는 출판진흥기금 조성, 도서관 도서구입비 확충 같은 정책 말입니다. 이런 정책이 이뤄지면 누가 따로 노력하지 않아도 출판 진흥은 저절로 이뤄질 것입니다. 이 점, 올해 출판과 관련한 연구·조사에 달랑 1억 6,000만 원의 예산만 투입한 정부 당국이 꼭 명심해주시기 바랍니다.

2012. 10. 17

개인소멸을 극복하려면

호시노 도모유키 장편소설 『오레오레』(은행나무)를 재미있게 읽었습니다. '오레오레'는 그냥 '나'(오레)로는 부족하여 '나야 나' '나, 나라니까' '내가 내가' 하며 자신의 존재를 강조하는 표현이랍니다. 작가는 이 소설로 '제5회 오에겐자부로상'을 받으면서 한 인터뷰에서 '오레오레'는 "개인이 소멸되는 시대에 겁먹은 개인들이 지르는 비명"이라고 말했습니다.

주인공 '나'(히토시)는 언제나 맥도널드에서 혼자 점심을 해결합니다. '나'는 어디를 가나 동일한 인테리어로 편안하게 맞이해주는 맥도널드가 집처럼 편안합니다. 맥도널드의 빨간색과 노란색이 눈에 들어오면 조난 중에 사람이 사는 섬을 발견한 것 같은 기분이 들 정도였습니다. 어느 날 '나'는 맥도널드에서 옆에 앉은 사람(다이키)의 휴대전화를 자신도 모르게 들고 나왔습니다.

쓸데없는 걸 가져온 것을 후회하며 버리려는 순간 휴대전화 진동음이 울렸습니다. 액정화면에는 '어머니'라고 떴습니다. 처음에는 받지 않았지만 맥도널드에서 들은 '다이키'의 목소리를 흉내 내는 연습을 한 다음에 '어머니'의 전화를 받고 아들인 척 거짓말을 내뱉었습니다. 돈이 급히 필요하다는 말에 전화 속의 어머니는 아무런 의심 없이 아들 '다이키'를 위해 돈을 보내왔습니다. 일종의 '보이스피싱'이 성공한 것입니다.

며칠 후 '다이키'의 어머니가 내 집으로 찾아왔습니다. 그녀는 나를 진짜 아들처럼 대했습니다. 당황한 나는 2년 동안 찾지 않았던 진짜 엄마 집으로 갔습니다. 하지만 엄마는 빨리 돌아가지 않으면 경찰에 신고하겠다고 으름장을 놓습니다. 그때 문이 열리며 "당신, 스토커 짓은 범죄라는 것 몰라?" 하면서 '나'의 행세를 하던 젊은 남자가 나타났습니다. 나는 그 자리에서 얼어붙습니다. 그는 오늘 내가 지겹도록 봐온 바로 '나'였습니다.

점점 자신을 믿지 못하게 되는 '나'는 무수한 '다른 나'를 만나게 됩니다. 한 번도 만난 적이 없는 사람이 내가 되어 있고, 그 '나'의 수는 기하급수적으로 '증식'됩니다. 그렇게 증식되는 '나'는 정어리와 다름없습니다. 직접 소설 속의 표현을 읽어볼까요. "자유자재로 바다를 헤엄치는 것 같지만, 실은 나는 주위의 정어리에 맞춰서 몸을 움직이고 있을 뿐이다. 리더가 있어서 움직임을 결정하는 게 아니다. 모든 정어리가 주위를 따라 한 결과 전체적으로는 구름같이 부풀거나 줄어들거나 옆으로 흘러가거나 오로지 멀리 헤엄쳐 가거나 하는 것이다. 거기에 자신의 생각은 없다. 무리에서 떨어져 나가면 잡아먹힌다. 그러니까 나는 주위의 정어리에게 뒤처지지 않도록 열심히 움직인다. 전후좌우 위아래 어디를 봐도 같은 정어리, 정어리, 정어리. 그러는 사이 어느 정어리가 자신인지 모르게 된다. 자신이 거기에 있는지 없는지조차도."

결국 '나'는 자신이 누구인지도 구별하지 못하게 됩니다. 바깥이든 집 안이든 전철 안에서든 눈에 보이는 것은 오직 나, 나, 나. 자기 자신으로 뒤덮인 곳에서 서로 상처 입히고 서로 삭제하게 됩니다. 누구보다 잘 이해할 수 있는 자신을 누구보다도 잔혹하게 괴롭힙니다. 옆도 돌아보지 않고 똑바로 오직 절멸을 향해 돌진합니다. 나를 삭제해버리는 것이 무의미하다는 것을 알고 있는데도 질리지도 않고 우리끼리 서로 삭제 경쟁을 벌입니다.

어떻습니까. 우리는 소셜미디어에서 무수한 친구를 만들다가도 한순간에 많은 사람을 삭제해버리기도 합니다. 상처를 입으면 자신의 방을 폐쇄해버리기도 하지요. 언제나 상대의 의중 따위는 염두에 두지 않습니다.

히토시는 혼자 있을 때 가장 편안함을 느낍니다. 그는 우리의 자화상입니다. "자신의 껍질에 틀어박히듯이 오로지 눈앞의 먹을 것을 획득하는 데에만 몰두해온" 우리는 "앞날이 어떻게 될지를 생각하지 않고 계속해서 자신을 먹어온" 것 아닌가요?

소설 속의 주인공처럼 우리는 '부모'에게 성공적인 삶을 강요당해왔습니다. 세간에서 말하는 성공의 이미지에 나를 맞추고 그 속에서 만족을 추구하려고만 했습니다. 그 결과는 일류대 입학과 안정된 직장. 우리는 늘 주위의 색깔에 물들 뿐 아무것도 스스로 선택한 적이 없습니다. 그러니까 나 같은 것은 애초부터 없는 것이나 마찬가지였습니다.

이주향은 『그림 너머 그대에게』(예담)에서 "현대를 사는 우리는 아버지의 탑에 갇혀 있습니다. 돈의 탑에 갇혀 있고, 시선의 탑에 갇혀 있습니다. 갇혀 있는 우리는 탐욕의 노예고, 권력의 노예고, 시선의 노예고, 체면의 노예고, 시간의 노예고, 하다못해 다이어트의 노예입니다. 우리는 자유롭게 먹고, 놀고, 편하게 자지 못합니다. 많이 벌어도 언제나 2퍼센트 부족하고, 한 목숨 살리기 위해 너무 많은 걸 가지고 있지만 '나' 자신으로 존재하지 못합니다. 활동적 자폐가 아버지의 탑에 갇혀 있는 현대 도시인의 특징"이라고 규정했습니다.

우리는 자폐에서 어떻게 벗어날 수 있을까요. 소설에서는 우리가 누군가에게 먹히기 전에 우리도 누군가에게 도움을 줄 수 있는 의미 있는 존재라는 걸 자각하는 것이라고 말하는군요. 이주향은 내 속의 하늘을 품어야 '아버지의 탑'에서 해방되어 혁명 같은 사랑을 할 수 있다고 말합니다. 어제의 '경험'이 내일은 '쓰레기'가 되는 세상에서 말입니다.

2012. 7. 11

『2013년 체제 만들기』와 교육정책

글로벌 금융위기의 그림자가 어른거리던 2007년 12월의 대통령 선거에서 우리는 이명박을 선택했습니다. 세계적 경제위기가 올 것 같은 분위기에 지레 놀라 '747공약'에 제대로 속았지요. 지금에서야 때늦은 각성을 하고 있지만, 그때는 비록 도덕적으로 흠결이 많은 인물일지라도 '경제' 하나만큼은 똑바로 성장시킬 것이라는 믿음이 있었지요.

지난 4년간 양극화가 심해져 중산층과 저소득층의 구매력이 약해지고, 이로 인해 시장 자체가 동력을 잃어버렸습니다. 그 바람에 가계부채가 세계 최고 수준으로 늘었습니다. 이명박 정부 4년의 알량한 경제성장도 빚으로 유지된 셈이라 그 후유증이 만만찮을 것입니다.

75세의 학자인 백낙청 선생이 『2013년 체제 만들기』(창비)라는 이색적인 책을 2012년 초에 펴냈습니다. 192쪽의 얇은 책이지만 '인간 해방의 논리'와 '민족문학론', '분단체제론'을 통해 엄혹한 현실에 당당히 맞서며 반세기 이상 일관되게 분단체제 해소를 위한 지혜를 쏟아놓은 결과물의 총정리판임을 한눈에 알 수 있었습니다. 한마디로 이 엄혹한 시절에 우리가 어떻게 살아야 하는가에 대한 좌표를 제대로 제시해주는 책입니다.

백 선생은 "이른바 '4대강 살리기'로 포장된 무리한 토건사업으로 천재지변이 아닌 정부 주도의 대대적인 환경파괴가 진행되었고, 노년층을 비롯한 서민들의 생활난이 재해 수준에 근접했으며, 원전사고 없이도 주민들의 자유와 기본권에 대한 제약이 대폭 증가"했을 뿐만 아니라 "남북관계도 마치 쓰나미에 휩쓸린 듯이 곳곳에서 무너지고 흐트러졌"다고 현실을 진단합니다.

왜 이렇게 되었을까요. 무엇보다 한반도 남북 양쪽의 기득권층이 상대방을 적대시하면서도 그 적대관계로 인한 긴장과 전쟁 위협으로부터 자신들의 반민주적 특권 유지의 명분을 끊임없이 공급받는 분단체제가 그대로 지속되고 있기 때문입니다. 백 선생은 남북이 각기 독립적 실체로서 단순히 분립되어 있거나 적대하고 있는 것이 아니라 독특한 상호관계 속에 '하나'의 체제를 이루고 있음을 강조합니다. 그러니까 백 선생이 '2013년 체제'를 들고 나온 것은 우리가 하루하루의 생업에 시달리느라 잊고 있던 이 엄중

한 사실을 깨닫게 하기 위함이 아닌가 싶습니다.

우리는 1987년의 '6월 항쟁'으로 '87년 체제'를 만들었습니다. 그로부터 20년간 지속된 '87년 체제'는 정치적 민주화, 경제적 자유화, '자주'와 '통일'에 대한 요구 등 세 영역에서 뜻 깊은 성취를 이룩했습니다. 하지만 민주화만 해도 어디까지나 한반도 남녘에 국한된 성취였을 뿐만 아니라 1953년의 휴전 이후 굳어진 '53년 체제'의 틀도 바꾸지 못했기에 기본적인 한계가 있었습니다. 그 바람에 2008년의 이명박 정권이라는 터무니없는 역풍을 만날 수밖에 없었습니다. 이명박 정권의 출범으로 세 동력이 원만히 결합해 지속성과 상승효과를 확보하는 계기가 되기는커녕 대대적인 '역주행'과 '폭주'가 벌어지기 시작했습니다.

이제 1953년 정전체제 이후 처음으로 남북이 공유하는 시대인 '2013년 체제'를 만들어야 합니다. 그렇게 하기 위해서는 한반도 평화체제가 구축된 새 체제에 대한 경륜이 뚜렷하고 그것을 집행할 실력을 갖춘 세력이 집권해야 합니다. 그래서 2012년의 총선과 대선이 매우 중요합니다.

제대로 된 선택을 하기 위해서는 이명박 정권에 대한 명확한 이해부터 필요합니다. '내 사람'이라는 확신이 들면 끝까지 믿어주는 것은 유일하게 본받을 만한 가치로 보이지만, 불법과 파행을 저지르는 자들만 골라댔으니 계승할 가치가 전무하다고 보아도 무방할 듯합니다. 역주행한 것은 너무나 많습니다. 지나치게 과도하게 노무현 정권과의 '차별화'를 꾀해서인지 남북 긴장 해소뿐만 아니라 민주주의, 지역균형 발전, 특권적 구도 해체, 다양성과 개방성 등 이른바 '노무현의 가치'라 할 수 있는 것에 대해서는 모두 역주행했다고 볼 수 있습니다.

정리해고를 최초로 수용한 것이 김대중 정부이며, 한·미 자유무역협정(FTA)을 발의한 것이 노무현 정부이니 신자유주의는 폭주가 맞습니다. 교육도 폭주했습니다. "이명박 정부 4년간 교육행정의 중앙집권화가 그 어느 때보다 강력하게 추동되었고, 교육의 중요성은 특권층 자녀에게 유리한 '경쟁' 위주로 이해"되었으니까요. 하지만 김대중, 노무현 정권 시대에도 교육혁신은 방치된 것이나 마찬가지였습니다.

백 선생은 '2013년 체제'의 내용에 '민주·평화·복지사회'라는 3대 과제뿐만 아니라 "물질적 불평등의 폐기와 생태친화적 사회로의 전환, 성차별 극복 같은 세계체제 공통의 장기적 과제가 어떤 식으로든 반영된 중·단기적 정책기획이 포함"되어야 하지만 '2013년 체제'에서 가장 크게 달라져야 할 것이 교육이라고 지적합니다.

지금 아이들은 인간을 사랑하는 마음을 잃어버렸습니

다. 성적만 강요하는 학교에서는 물리적 폭력 이상으로 정신적 폭력이 심각하게 가해지고 있습니다. 그래서 교육에 대한 큰 그림을 제시할 수 있는 사람이 되도록 많이 필요합니다. 지금 복지 담론 경쟁이 심각하게 진행되고는 있지만 차별화가 전혀 이뤄지지 않고 있습니다. 그러니 우리는 양대 선거에서 교육에 대한 큰 그림을 그리는 사람부터 선택해야 하지 않을까요.

2012. 2. 14

불멸의 신성가족과 『도가니』

개봉 11일 만에 관객 250만 명을 돌파한 영화 〈도가니〉가 '사회적 현상' 수준의 신드롬을 만들어내고 있습니다. 공지영 작가가 장편소설 『도가니』(창비)를 발표한 것은 2009년 6월입니다. 소설의 뼈대는 청각장애아들을 가르치는 무진시의 자애학원에서 벌어진 폭력과 성폭력 사건입니다. 학원 설립자의 쌍둥이 아들인 교장과 행정실장 등에 의해 자행되는 성폭행이 10여 년간 지속되고 있을 정도로 비리의 온상이었는데도 1년에 40억 원의 국가예산이 투입됩니다. 무자격 교사를 고용하는 조건으로 적어도 5,000만 원을 내야 하는 그곳에서 인간적인 교육을 기대한다는 것은 애당초 불가능한 일이었습니다. 그러니까 자애학원은 단지 국가예산을 빼내기 위한 통로에 불과했습니다.

이 소설에는 흥분이나 감격 따위로 들끓는 상태를 뜻하는 단어인 '도가니'가 '광란의 도가니', '자애의 도가니', '감동의 도가니' 등 세 번 나옵니다. 성폭력에 시달리던 아이들이 '광란'의 피해자로 지내다가 한 교사와 시민운동가의 노력으로 사태가 세상에 알려지자 무진시에는 '자애'의 분위기가 거세게 일어납니다. 하지만 늘 사람을 분노하게 만드는 것은 사건 그 자체가 아닙니다. 그런 사건은 은폐하려는 사회적 구조입니다. 이 소설에서도 그런 침묵의 카르텔이 작동하여 피해자나 사건을 세상에 알린 사람들을 인격파탄자로 몰아갑니다.

카르텔을 옹호하려는 자들은 때로는 돈으로, 때로는 상대의 허점을 이용한 역공으로, 아니면 교묘한 지연 전술로 사실 자체를 은폐하려 듭니다. 그런 과정에서 피해자나 문제를 제기한 사람들은 인격적 상처를 입게 됩니다. 하지만 힘겨운 싸움 끝에 완벽한 승리는 아닐지라도 '감동'의 대단원은 완성됩니다. 그 감동이 처절하게 짓밟히기만 하던 피해자들이 억압구조에서 완전히 벗어나는 것을 의미하는 것은 아니지만 말입니다.

소설의 무대는 안개가 자주 끼는 무진시입니다. 무진시는 정의롭지 못한 사회의 모든 요소가 들어가 있는 대한민국의 축소판입니다. 장애인과 같은 약자에 대한 착취와 핍박을 벌이는 것은 몰염치한 사학재단의 운영자들입니다. 하지만 더 문제인 것은 정의나 도덕과는 완전히 담은 쌓은

'법'과 '판결'입니다. 판사, 검사, 변호사, 브로커, 법원 공무원, 경찰, 기자, 마담뚜, 시청, 교육청, 교회, 병원 등 기득권자들은 '침묵의 카르텔'을 형성해 어떤 경우에라도 자신들의 이익을 위해 야합할 수 있음을 보여줍니다. 법학자인 김두식은 이들을 '불멸의 신성가족'이라고 불렀지요.

자애학원의 비리를 눈감아주며 돈을 뜯어먹고 살던 장경사는 서유진 무진 인권운동센터 상근 간사에게 이렇게 말합니다. "그 사람들(판사, 검사, 변호사) 서로서로 대학동기, 선후배, 고시동기, 처삼촌, 고등학교 동창의 사돈, 사위의 은사예요. 이번 사건 맡은 검사? 무진에서 임기 육개월 남았어요. 이번 사건 물고 늘어지다가 행여 누군가의 심기라도 건드리면 이번에는 서울로 가서 부인과 아이들과 합칠 계획을 망치겠죠. 그 사람들 세상에 태어나 지금까지 점수, 점수, 점수, 경쟁, 경쟁, 경쟁 속에서 남을 떨어뜨리고 여기까지 왔어요. 일점 때문에 친구는 낭인이 되고 자신은 판검사가 되었단 말이죠. 그런데 그들이 정신능력이 떨어지는 장애아들 몇 명 때문에 처삼촌과 대학 동창 사돈과 사위의 은사와 장인의 후배와 얼굴을 붉혀가며 그 정의라는 거, 진실이라는 거 되찾아 줄 것 같아요? 그 사람들에게 진정 학원 이사장과 장애아의 인권이 같을 줄 알아요?"

이 사건이 세상에 알려진 것은 2005년입니다. 이 사건이 터지자 전국의 인권단체가 들고 일어나는 바람에 노무현 정부는 '사학법'을 개정하려 합니다. 하지만 당시 한나라당 대표였던 박근혜는 장외 투쟁에까지 주도하며 극렬하게 반대합니다. 사학재단의 전횡을 막으려는 의도를 반미친북단체인 전교조에 교권을 넘긴다는 억지논리로 왜곡하면서 말이지요. 한나라당에는 서울시장이 되겠다는 나경원 의원을 비롯해 유독 사학집단과 연결된 의원이 많습니다. 그들은 자신들의 기득권을 누리기 위해 국민들에게 크나큰 위화감을 조성하며 목적을 달성했습니다.

2011년 10월 당시 한나라당 대표였던 홍준표는 한나라당에 법조계 출신이 넘쳐 더 이상 법조계 출신의 인물을 영입하지 않겠다고 말한 바 있습니다. 그렇습니다. 이 나라에는 인격 파탄자나 다름없지만 시험만은 잘 보는 자들이 지배하고 있습니다. 연초에 감사원장이 되려다 낙마한 이는 초보 변호사인데도 로펌에서 월 1억 원의 급여를 받았습니다. 자신들의 이익을 위해서는 '전관예우'를 이용해 법마저 좌지우지할 수 있다는 오만함이 없었다면 이런 대접을 받을 수 없었을 것입니다.

『도가니』는 공지영의 장편소설 중에서도 가장 안 팔린 소설이었습니다. 사회적 고발이라는 무거운 소재 탓이라는 분석도 있었습니다. 하지만 소설은 영화의 폭발적인 반응 이후 하루에 2만 부씩 팔려나가고 있습니다. 겉으로는 공정사회를 부르짖으면서도 '불멸의 신성가족'들이 신성동맹을 맺어 온갖 비리를 저지른 이명박 정부에 대한 분노가 드디어 폭발한 것이 아닐까요?

도덕적으로 완벽하다는 착각에 빠져 있는 이명박 정부는 자신들의 비리를 감추고 영구히 집권하려고 많은 언론과 방송을 손아귀에 넣었습니다. 하지만 국민은 트위터나 페이스북 같은 소셜미디어로 실시간 소통하고 있습니다. 안철수, 박경철, 공지영 등 대중지성은 모두 트위터에 공감의 한 줄 어록을 자주 남깁니다. 그들의 한 마디에 여론이 요동칩니다. 기득권자들은 소셜미디어가 시시때때로 만들어내는 여론을 주시해야 할 것입니다. 정의로운 사회로 바뀌어야 한다는 국민의 욕구를 예전처럼 무시한다면 그들의 미래가 없을 것이니까요.

2011. 10. 4

『마당을 나온 암탉』과 '표백 세대'

100만 부를 돌파한 황선미의 장편동화 『마당을 나온 암탉』(사계절)이 원작인 애니메이션을 보셨는지요. 한국 애니메이션 최초로 100만 관객을 돌파했다지요. 양계장에서 알만 낳던 암탉 잎싹은 알을 품어보는 것이 평생소원입니다. 청둥오리 나그네와 수달 달수의 도움으로 마당을 탈출한 잎싹은 주인 없이 버려진 오리 알을 발견하고 난생처음으로 알을 품게 됩니다. 드디어 알에서 깨어난 아기 오리 초록은 잎싹을 친엄마로 알고 따릅니다.

족제비로부터 잎싹과 알을 보호하던 나그네가 장렬한 최후를 맞이한 다음 잎싹과 초록은 안전한 늪으로 옮겨갑니다. 그곳에서 만난 청둥오리들과 파수꾼이 되기 위한 경쟁에서 이긴 초록이 무리와 함께 새 도래지로 멀리 날아가는 모습을 본 잎싹은 적대자 족제비의 먹이가 되어줍니다. 엄동설한에 굶고 있는 족제비의 자식들마저 진정으로 예뻐

한 잎싹이 그들마저 온전히 품어 안은 것입니다. 한국 회화와 감동적으로 결합한 이 애니메이션을 보고 나서 저는 성장을 멈춰버린 한국의 젊은이들을 떠올렸습니다. 애니메이션에서 초록은 잎싹의 헌신적인 도움으로 무리에서 당당하게 자신의 위치를 확보했습니다. 잎싹은 아이들의 성장을 도와주는 이 시대의 보편적인 '어른'을 상징합니다. 언제나 아이는 이렇게 '어른'에게서 세상을 이겨낼 지혜를 얻게 마련입니다. 하지만 요즘 젊은이들은 그런 '어른'을 잃어버렸습니다.

한때 이 나라는 '전면적 친환경 무상급식'과 '소득 하위 50퍼센트를 대상으로 한 단계적 무상급식'을 놓고 치열한 편싸움을 벌인 적이 있습니다. 전면적 무상급식을 "망국적 포퓰리즘의 망령"이라고 규정한 이들은 전면적 무상급식을 막는 것에 대한민국의 미래가 걸려 있다고 주장하고, 단계적 무상급식을 사람들을 빈부에 따라 편 가르는 행위라고 규정한 사람들은 의무교육이 무상이어야 한다는 헌법정신을 준수하라고 요구했습니다.

이같은 온도 차이는 신자유주의가 본격화한 이후 점차 높아진 것이 사실입니다. 이미 많은 것을 가진 사람들은 여전히 자본 증식을 위해서라면 못하는 일이 없습니다. 고위직에 오른 사람들은 자식 교육을 핑계로 '위장전입'이라는 범법행위를 일삼았습니다. 그런데도 그들은 임시직으로 내몰리지 않기 위해, 해직자들이 목숨을 부지하기 위해 고공투쟁 같은 처절한 고투를 벌이는 것을 '친북좌파'로 공격하기에 바쁩니다. 그러니 이 세상에서 진정한 인간다움을 발견하기란 쉬운 일이 아닙니다.

김혜나 장편소설 『제리』(민음사)의 등장인물들은 수도권의 별 볼 일 없는 2년제 야간대학생들입니다. 그들은 늘 술을 마시고, 무의미한 섹스에 탐닉하고, 아무 생각 없이 만나고 헤어지기를 반복합니다. 이 소설의 주인공 '나'는 '노래바'나 '호스트바'에서 시간당 3만 원을 받고 '선수'로 뛰는 스물한 살의 '제리'를 애타게 갈구합니다.

가냘프고 어려 보이는 외모의 제리는 누구나 선택하고픈 '에이스'가 아닙니다. 누구에게도 선택받지 못하고 모두에게 따돌림을 당하다가 이 바닥 삶에서 결코 벗어나지 못할 것이라는 불안에 시달리는 '44만원 세대'의 전형일 뿐입니다. '나'는 죽을 때까지 같이 술을 마셔주는 단 한 사람으로 제리를 떠올립니다. '루저' 중의 '루저'인 그들은 노래방에서 우연히 재회하고는 격렬한 섹스를 나눕니다. 그들이 하는 섹스는 수족관에서 벗어날 수 없는 금붕어들이 어쩔 수 없이 헤엄치는 것이나 다름없습니다.

문진영 장편소설 『담배 한 개비의 시간』(창비)의 '나'는 대학을 휴학하고 회사가 밀집해 있는 강남대로 한복판의 편의점에서 '알바'를 하고 있는 스무 살 청년입니다. 편의점에서는 7년째 밤에만 일하는 J와 유학 갈 학비를 벌려는 H가 3교대로 일하고 있으며, 옆집 카페에는 두 살 연상의 물고기가 일하고 있습니다. 이태원 해방촌 한가운데 위치한 4층 건물 옥탑방에 살고 있는 '나'에게는 취업준비생 선배 M이 있습니다. '나'가 알고 있는 사회의 규모는 이들이 전부입니다.

M은 이 세상에는 제법 고가의 담배를 사는 고급담배파, 몸을 좀 생각해볼까 하는 저타르파, 다분히 마초 느낌을 풍기는 고타르파 등 세 부류만 존재한다고 말합니다. 도시엔 늘 비가 내립니다. 비는 한순간도 불안에서 벗어나기 힘든 현실을 의미합니다. 모두들 저마다의 우산을 갖고 있지만 M은 절대로 우산을 챙기지 않고 비를 맞고 다닙니다. 이들이 담배를 피우는 것은 살아 있음을 한순간 감각하는 행위입니다. 그들은 공중으로 흩어지는 담배 냄새로 자신들의 존재 이유를 드러내는 것이지요.

장강명 장편소설 『표백』(한겨레출판)은 '표백 세대'의 등장을 알립니다. 표백 세대에게는 어떤 사상도 완전히 새롭지 않으며, 사회가 부모나 교사를 통해 전달하는 지배사상에 의문을 갖거나 다른 생각에 빠지는 것은 낭비일 뿐입니다. 그런 시도는 기껏 잘돼봤자 기존 지배사상이 얼마나 심오하고 빈틈없는지를 더 잘 이해할 수 있게 되는 효과만 낳기 때문이지요. 신자유주의 유일사상이 지배한 다음부터 오로지 싼 노동력만 찾고 있는 이 '완전한 세상'에서 남보다 빨리 정답을 읽어서 체화하기 위한 표백의 과정만을 걸어온 이들은 시험 하나에 모든 것을 걸고 티끌만한 유·불리에 부들부들 떨면서 살아왔습니다.

표백 세대는 아무런 희망을 기대할 수 없는 세상에 저항하는 수단으로 자살을 선택합니다. 삶의 막장에서 어쩔 수 없이 하는 자살이 아니라 중요한 성취를 이룬 다음의 자살입니다. 출세나 개인적인 성공과 같은 보다 작은 성취에 매달려야 하는 그들은 자신들에게서 '위대한 일'을 할 기회를 박탈한 세상에 극단의 저항을 하기 위해 자살을 선택하는 것입니다.

보수주의자들이 전쟁과 장기독재를 겪은 국가 중에서는 유일하게 민주주의와 눈부신 경제성장을 이뤘다고 자부하는 대한민국의 수많은 젊은이들이 말기암 환자처럼 부정, 분노, 타협, 우울을 겪으면서 '술'과 '섹스'와 '담배'에 탐닉하다가 이제는 '자살 선언'마저 내놓고 줄줄이 사라지고 있습니다. 소설은 현실의 반영이라지요. '잎싹'을 잃어버린 젊은이들이 어쩔 수 없이 극단의 선택을 하고 있습니다. 이제 우리는 대한민국의 미래를 위해 어떤 결정을 내려야 할까요?

2011. 8. 16

우정도 사치인 '3포 세대'

주인공이 암으로 죽어가는 친구를 위해 고등학교 시절의 칠공주 멤버를 찾아나서는 영화 〈써니〉를 혼자서 보았습니다. 저는 그들 모두가 저마다 인생의 주인공이고 싶다는 말에 충분히 공감이 갔습니다. 암으로 죽은 친구가 변호사를 통해 자신의 유산을 친구들이 일일이 꿈을 이룰 수 있도록 나눠주는 유언을 발표하고, 친구들은 친구의 영정 앞에서 음악에 맞춰 25년 전에 함께 췄던 춤을 추는 영화의 마지막 장면이 무척 기억에 남네요. 우정을 주제로 웃자고 만든 오락 영화지만 지금 우리가 그런 판타지에서나 위안받을 만큼 현실은 절박해 여러 차례 눈물을 흘려야만 했습니다.

2011년 '세시봉 친구들'이 새삼 화제였습니다. 1965년에 음악감상실 세시봉의 무대에 처음 섰던 조영남이 당시 추억을 되새기고 그 시절의 의미를 재조명하며 쓴 책 『쎄시봉 시대』(민음인)와 언론인 김종철이 결코 돌아갈 수 없는 세시봉 시절을 정리한 『세시봉 이야기』(21세기북스)를 함께 읽다 보니 빼어난 뮤지션 조영남과 윤형주, 송창식, 김세환, 이장희 등이 45년을 훌쩍 넘겨서도 함께 나누는 우정이 눈물겨웠습니다.

통기타 1세대들의 꿈과 사랑 이야기에 반한 젊은이들이 기타를 사려 드는 바람에 악기상이 호경기를 맞이했다지요. 우리는 왜 과거의 추억에 이렇게 열광할까요. 현실이 고단할 때 과거로 도피한다고요. 아, 물론 환갑이 넘어서도 여전히 탁월한 음악성을 보여주고 있는 '세시봉 친구들'은 빛나는 우정만으로도 값진 인생을 살고 있습니다. 그러나 대다수의 젊은이들은 미래가 없습니다.

클린턴 행정부에서 노동부 장관을 지내고 버락 오바마 대통령의 경제자문위원을 맡기도 한 로버트 라이시는 『위기는 왜 반복되는가』(김영사)에서 2008년 글로벌 금융위기 이후 "미국의 연방준비제도위원회(FRB)에서 이자율을 제로에 가깝게 내리고 대출을 용이하게 한 덕분에, 또 의회와 백악관에서 월스트리트를 긴급 구제하고 세금을 깎고 수천억 달러를 공공기반시설 및 실업수당에 쏟아 부은 덕분에 벼랑 끝을 넘지 않을 수 있었다"고 말합니다. 그래서 라이시는 대공황이 아닌 '대불황'이라는 표현을 쓰네요.

라이시는 "역사는 되풀이되지 않지만 간혹 서로 운율이

맞는 경우가 있다"는 마크 트웨인의 말을 인용하면서 1929년에 시작된 대공황과 이번의 위기를 비교합니다. 그는 두 시기에 총소득 중 상위 1퍼센트에게 돌아간 몫이 23퍼센트를 넘어설 정도로 부의 편중이 심각했음을 밝혀냅니다. 따라서 이번 대불황의 원인은 '금융 과잉'이 아니라 점증하는 '소득과 부의 격차'라는 것이지요.

한국의 대표적인 마르크스 경제학자인 김수행 성공회대 석좌교수는 『세계대공황』(돌베개)에서 "2008년에 시작된 이번의 세계대공황은 1930~38년과 74~82년의 세계대공황 다음으로 나타난 세 번째 대공황이며, 앞으로 상당히 오랫동안 계속될 것"이라고 말합니다. 김 교수는 대공황은 언제나 "기존의 자본축적 방식과 국내의 계급 관계 및 세계 질서를 재편하지 않고서는 극복할 수 없는 구조적인 성격"을 지니고 있다고 말합니다. 그러니 "모두가 함께 일하면서 자유롭고 평등하며 서로서로 돕고 사는 새로운 사회"의 수립만이 지금의 위기를 극복할 수 있다는 것이지요.

라이시의 견해도 비슷합니다. 라이시는 부자들에게 유례없이 무거운 세금을 매김으로써 전반적인 사회 자금 유동성을 활성화시켜 1930년대의 위기에서 벗어난 것처럼, 이번에도 부자들의 한계세율을 대폭 인상하고 가난한 사람들에게는 소득을 보충해주는 역소득세 정책을 실시하는 것만이 유일한 대안이라고 말합니다. 그러니 부자감세로 부자들의 주머니를 불려주어야 투자가 촉진되어 경제성장이 이루어질 수 있다는 망상에서 벗어나지 못하는 이명박 정부의 행태는 결국 "인류 역사상 최악의 대공황"으로 격상시킬 수밖에 없을 것으로 보입니다.

김 교수가 지적하는 것처럼 "지금 우리는 놀랄 만한 과학기술과 효율적인 공장 설비 및 숙련된 노동 인력을 가지고 있어 생산능력이 역사상 최고 수준이면서도, 인류의 대부분이 의식주 생활을 걱정해야 하는 '야릇한 경제체제' 속에서 살고" 있습니다.

대다수 보통 사람들이 더 부자가 되고 싶다는 욕망, 돈을 더 많이 벌면 행복해질 것이라는 대단한 망상에 빠져 있기 때문에 자본의 권력이 유지되고 있음을 간파하고, 신자유주의를 '성장의 망상체계'의 시녀라고 말하는 클라이브 해밀턴의 『성장 숭배』(바오)를 번역한 김홍식은 '옮긴이의 글'에서 "(1세대가) 논밭 다 팔아서 자식 공부시켰더니 그 자식이 평생 안 쓰고 저축해도 다시 그 땅을 살 수 없더라. (중략) 한편 그런 논밭을 팔아 공부했던 2세대는 다시 그 땅을 살 수 없을 뿐 아니라, 그들의 자녀인 3세대는 요즘 대학을 나와도 취직할 일자리가 별로 없다"고 말합니다.

역대 최고로 스펙을 쌓은 젊은이들이 일자리조차 확보하

지 못해 방황하고 있습니다. 미래를 장담할 수 없어 연애, 결혼, 출산을 포기하는 바람에 '3포 세대'로 불린다지요. 그들이 세월을 뛰어넘는 우정에 눈물만 흘릴 것이 아니라 스스로 빛나는 우정을 쌓으며 미래를 꿈꿀 수 있게 하는 획기적인 대안 마련이 절실합니다. 월스트리트를 살리기 위해 쏟아부은 엄청난 돈을 비행기를 타고 하늘에서 뿌렸으면 차라리 위기 극복이 훨씬 쉬웠을 것이라는 한 학자의 지적에 아마 해결의 실마리가 담겨 있지 않을까요?

2011. 6. 13

아이팟과 아이패드는 트로이 목마

출판인들은 책 시장이 살아나려면 소설이 살아나야 하는데 그런 기미는 없고 오히려 10만 부 이상 팔리는 확실한 작가가 점차 사라지고 있다고 아우성입니다. 얼마 전에 확실한 작가인 박완서 선생이 작고하셨지요. 여러분도 한번 꼽아보세요. 신경숙, 공지영, 황석영, 이외수. 아마 한두 작가를 추가하기가 쉽지 않을 것입니다. 그러고 보니 2000년 이후에는 시장성이 확실한 유망한 신인작가가 단 한 사람도 등장하지 않은 것 같습니다.

왜 그럴까요. 저는 할인경쟁을 벌이는 온라인서점 탓이 크다고 봅니다. 할인구조는 잘 팔리는 책은 더 잘 팔리게 하지만 책의 다양성, 의외성, 창의성은 죽이고 있습니다. 이렇게 정보기술은 우리에게 '은총'만 내려주지 않았습니다.

전 세계가 하나의 네트워크로 엮인 다음에는 오로지 '1등'만 잘 나가지 않나요. 로버트 H. 프랭크는 『부자 아빠의 몰락』(창비)에서 소득과 부는 점점 더 최상위 소득계층에 집중되고 있다고 했습니다. 1등 소프라노는 수백만 달러의 연간소득을 올리지만 2등 소프라노부터는 근근이 생계를 꾸려갈 정도라고 말입니다. 그는 작가, 부동산 중개인, 그리고 물리학 전공자 등 거의 모든 직군에서 이런 경향이 동일하게 나타난다고 말했습니다.

니콜라스 카는 『빅 스위치』(동아시아)에서 전기기술과 정보기술을 비교했습니다. 20세기의 전기기술은 생산 효율을 높여 부유한 중산층을 등장시키는 데 결정적 역할을 했지만, 정보기술은 생산수단을 대중에게 넘겨주었어도 생산품에 대한 소유권을 넘겨주지는 않았기에 대중이 제공하는 노동의 경제적 가치를 극히 소수에게 집중시켜 중산층의 몰락을 초래한다는 것이지요. 그가 든 대표적인 사례가 유튜브입니다. 20대 풋내기 두 사람이 시작한 유튜브는 불과 10개월 만에 16억 5,000만 달러에 매각되어 두 사람에게는 엄청난 부를 안겨주었지만 콘텐츠의 실제 생산자들에게는 단 한 푼도 돌아가지 않았습니다.

애플의 스티브 잡스를 화려하게 부활시킨 아이팟은 어땠나요. 누구나 '아이튠즈'에서 노래를 내려 받아 언제 어디서나 쉽게 노래를 즐길 수 있는 세상이 됐지만 노래를 만들고 부른 사람은 어찌 됐나요. 거의 망하고 '예능'이나 '춤'으로 연명하고 있지 않나요. 아이팟을 만드는 노동자는 어떤가요. 중국 내 '팍스콘'이라는 회사에서 OEM(주문자상표 부착방식)으로 아이팟을 생산하는 82만 명의 노동자는 하루 2교대 12시간씩 거대한 기계의 부품처럼 똑같은 일을 반복했습니다. 단순노동과 최저임금에 시달리던 '팍스콘' 노동자 13명이 2010년 초에 연속해서 투신자살하지 않았나요.

애플이 작년에 아이패드를 출시하자 또 난리가 났습니다. 많은 가능성에도 불구하고 이익을 창출하지 못하던 전자책이 '드디어' 뜰 것이라고 말입니다. 그래서 너도나도 앱(애플리케이션)을 만들겠다고 난리지만 아직 수익을 낸 앱은 거의 없습니다. 앱은 베스트셀러에 오르지 않으면 소비자가 존재 자체를 알기가 어렵기 때문에 엄청난 마케팅 비용을 감당해야 합니다. 자고 나면 새로운 상품이 줄을 설 것이니 '사재기'라도 해서 계속 베스트셀러 순위에 올려놓아야 할까요.

누구나 플랫폼만 확보해 콘텐츠만 제대로 제공하면 떼돈을 벌 것이라고 예상합니다. 국내에서도 KT, SK, 웅진 OPMS 등이 애플의 '아이북스iBooks'처럼 자사의 플랫폼에다 콘텐츠를 제공하면 자신들은 수수료 30퍼센트만 챙기고 제공자에게는 70퍼센트를 배분하겠다고 말합니다. 저자가 '1인 출판'으로 책을 제작해 곧바로 세계시장에 내놓을 수 있으니 새 세상이 온 것 같지요.

하지만 애플의 아이팟과 아이패드가 콘텐츠를 생산하는 창작자나 출판사, 음반회사 등에는 '트로이 목마'였다는 사실이 이미 만천하에 드러났습니다. 힘없고 열악한 상황의 콘텐츠 생산자들이 '전우의 시체를 넘고 넘어' 콘텐츠만 제공하다가 줄지어 사라지는 사이에, 문화콘텐츠 창작에 어떠한 기여도 하지 않은 플랫폼 사업자는 실체도 없는 가상의 시장만 제공하고 챙기는 수수료를 모아 거대한 이익을 내게 되겠지요.

좋습니다. 창작자가 망하더라도 사용자가 좋으면 그만 아닙니까. 그러나 한 기업이 플랫폼을 장악하게 되었을 경우 그곳에는 극히 상업적인 책만 범람하게 될 것입니다. 온라인서점의 할인구조 때문에 소설가를 거의 망하게 한 것 이상일 것입니다. 그나마 다행인 것은 출판인들이 자구책을 세우기 시작했다는 것이지요. 출판사들이 연대해 설립한 한국출판콘텐츠(e-KPC)가 플랫폼 사업자들과 대항해 진정한 전자책 문화를 형성하자고 나섰습니다. 그들은 창작자나 출판사가 직접 제작한 창의력이 넘치는 전자책이 다양한 플랫폼과 오픈마켓에서 팔리는 세상을 꿈꾸고 있습니다. 전자책 유통이 한 거대 플랫폼에 장악되어서는 진정한 활성화가 어렵다고 본 것이지요.

니콜라스 카는 사용자user들이 제작한 콘텐츠가 상업화할수록 비숙련노동자뿐 아니라 저널리스트, 편집자, 사진가, 애널리스트 같은 숙련노동자들마저 소프트웨어로 대체되고, 지식노동의 세계무역화 그리고 자발적 노동을 결집해 경제적 가치를 거둬들이는 극히 소수의 기업(부자)에 의해 경제 성장이 촉진되고 소비되는 '플루토노미plutonomy'만 강화될 것이라고 경고했습니다. 그런 끔찍한 세상을 막아보려는 우리 출판인들의 노력이 성공하기를 진심으로 기원합니다.

2011. 4. 4

'삼초땡'이라는 말을 아시나요?

강풀 만화가 원작인 〈그대를 사랑합니다〉라는 영화를 보셨나요. 새벽 우유 배달을 하는 노인 김만석(이순재 분)과 파지를 모으며 근근이 생활하는 송 씨(윤소정 분)의 사랑 이야기지요. 이 영화에는 치매에 걸린 아내 순이(김수미 분)를 애틋하게 돌보며 살다가 아내가 얼마 살지 못한다는 것을 알고는 아내와 동반 자살하는 동네 주차 관리인 장군봉(송재호 분)의 치명적인 사랑도 함께 등장합니다. 손녀의 귀띔으로 송 씨의 생일을 알게 된 만석 노인이 케이크를 사 들고 가서는 어눌한 목소리로 "그대를 사랑합니다"고 말하는 데에서 저도 그만 눈물을 왈칵 쏟고 말았습니다.

과거 우리 사회에는 죽음을 다룬 책이 그리 인기를 끌지 못했습니다. 아니, 한 권 있긴 하네요. IMF 사태 직후인 1998년에 폭발적인 인기를 끌었던 미치 앨봄의 『모리와 함께한 화요일』(세종서적)입니다. 성공가도를 달리던 30대

방송작가가 루게릭병으로 투병 중인 스승을 매주 화요일 찾아가 자기 연민, 후회, 죽음, 나이 드는 두려움 등 인생에서 중요한 의미를 갖는 14가지 주제에 대해 이야기를 나누는 내용입니다. 이 책은 '카드대란'이 벌어진 2003년에도 다시 인기를 끕니다. 하지만 죽음에 대한 책이 얼마나 안 팔렸으면 이 책은 죽음에 대한 어두운 이미지를 불식시키려고 산뜻한 이미지로 포장한 흔적이 확연합니다.

한때 활개를 치던 '성공 신화'가 무너지고 글로벌 금융위기의 그림자가 어른거리던 2007년부터는 '죽음'과 '늙음'을 다룬 책이 본격적으로 인기를 끌고 있습니다. 2006년에는 『인생 수업』(이레)이 있었습니다. 세계 최초로 호스피스 운동을 의료계에 불러일으키며 죽음을 연구해온 정신의학자 엘리자베스 퀴블러-로스가 주도해 쓴 이 책은 '죽음의 강'에 내몰린 사람 101명이 들려주는 삶에 대한 위대한 가르침을 담고 있습니다.

2008년에는 췌장암에 걸려 시한부 인생을 살아가던 공대 교수 랜디 포시가 들려준 『마지막 강의』(살림)가 있습니다. 그는 1, 2, 5세인 어린 자식들에게 "우리 앞에 벽이 존재하는 건 우리가 그것을 얼마나 간절히 원하는지 시험하려는 것"이라는 눈물의 '유언'을 해서 많은 이들의 심금을 울렸습니다.

2009년에는 신경숙의 『엄마를 부탁해』가 있습니다. 170만 부나 팔린 이 소설에서 늘 곁에서 보살펴주고 무한정 사랑을 주기만 하던 '늙은' 엄마는 아들의 생일잔치 때문에 상경했다가 지하철에서 실종되고 맙니다. 가족이 엄마를 찾아나서는 과정이 큰딸, 큰아들, 남편과 엄마 자신, 다시 큰딸의 시점에서 그려지는 이 소설에서 엄마는 사라짐(실종이지만 사실상 죽음입니다)으로써 역설적으로 가족들에게 존재감을 드러냅니다. 이 소설에서 가족은 따뜻한 느낌을 안겨주는 그리움의 상징이 아닙니다. 가족이라는 울타리 안에서도 홀로 서야 하는 절대 고독의 개인이 그려지고 있지요.

2010년에는 아예 '죽음'을 간판에 내걸었습니다. 『죽을 때 후회하는 스물다섯 가지』(오츠 슈이치, 21세기북스)입니다. 영화 〈버킷리스트〉에서 자동차 정비사 카터(모건 프리먼 분)와 재벌 사업가 에드워드(잭 니컬슨 분)가 목숨이 얼마 남지 않았다는 것을 알고서 살아있는 동안 꼭 해보고 싶은 10가지를 실천해보는 것을 연상시키는 책이지요. 1,000명의 죽음을 지켜본 호스피스 전문의 오츠 슈이치는 죽어가는 사람들이 공통적으로 갖는 회한 25가지를 들려줍니다. "사랑하는 사람에게 고맙다는 말을 많이 했더라면" "진짜 하고 싶은 일을 했더라면" "조금만 더 겸손했더라면" 등은 단순하고 평범하지만 후회 없는 삶과 죽음을 위해서 누구나 되새겨볼 만한 키워드들입니다.

2010년에는 법정 스님의 『아름다운 마무리』도 있습니다. 투병 중이던 스님은 자신의 죽음을 예감하고 "삶은 순간순간이 아름다운 마무리이자 새로운 순간이어야 한다"는 '법문'을 남겨놓고 이 세상을 떠나셨지요. 그래서 출판시장에서는 한때 '법정 태풍'이 불었습니다. 가난과 무소유를 강조한 법정의 가르침은 세상이 힘겨울 때마다 등장해 대중을 위로해주었지요. 2010년에는 노무현 자서전 『운명이다』(돌베개)와 『김대중 자서전』(삼인), 『리영희 평전』(김삼웅, 책보세) 등이 출간되어 한해 내내 추모 분위기가 작동하기도 했습니다.

우리 사회에서 '성공 우화'가 상종가를 치고 있을 때 장기 불황에 허덕이던 일본에서는 70대 이상의 노인들이 들려주는 '늙음'과 '죽음'을 다룬 우화들이 크게 인기를 끌었지요. 이제 우리 사회도 일본의 모습을 그대로 뒤따라가고 있습니다. '죽음'이 죽음 그 자체가 아니라 바람직한 '삶'을 노래하는 것이지만 성공을 꿈꾸던 활력에 비견될 바는 아니지요.

실제적인 정년이 43세까지 낮춰지고 30대 초반이면 인생 땡이라는 '삼초땡'이라는 신조어까지 등장한 세상입니다. 꿈을 잃은 청소년들이 죽음을 떠올리는 세상이다 보니 청소년 자살률이 세계 1위를 달리는 이 나라에서 '유일하게' 늙지 않는 한 노인이 계십니다. 부자감세, 규제완화, 민영화, 노동유연화 등 신자유주의 정책으로 일관하는 바람에 빈부격차가 갈수록 심해지는 데다 전세대란, 고물가, 구제역 파동까지 겹쳐 서민들 거의 모두가 죽음의 유령을 헤매고 있음에도 "대통령 해먹기 하나도 힘들지 않다"고 자랑스럽게 말씀하시는 이명박 대통령 말입니다. 그분은 관객의 마음은 전혀 헤아리지 않고 그야말로 '1인극'을 벌이고 계십니다. 우리는 그저 그분의 독선을 막연하게 지켜보기만 해야 하나요. 그래서인지 혹독한 추위 끝에 맞이한 따뜻한 봄도 전혀 기쁘지 않습니다.

2011. 3. 7

올해 당신은 행복했나요?

2000년대 들어 출판시장에서 '베스트셀러의 산실'로 등장한 분야가 자기계발서라는 것은 모르시지 않을 것입니다. 새 천년이 시작되자마자 『부자 아빠 가난한 아빠』(로버트 기요사키 외, 황금가지)와 『누가 내 치즈를 옮겼을까』(스펜서 존슨, 진명출판사) 같은 책이 폭발적으로 팔려나가기 시작하더니 글로벌 금융위기가 들이닥친 2008년 이전까지 해마다 한두 종의 밀리언셀러가 꼭 탄생했으니까요.

우리는 왜 그 많은 자기계발서에 미치도록 빠져들었던 걸까요? 돈에 대한 생각을 바꾸거나 자신을 변화시키기만 하면 성장의 에스컬레이터를 탈 수 있다는 은근한 속삭임이란, 지금 와서 보면 정말 터무니없었던 유혹에 불과했는데 말입니다. 결국 글로벌 금융위기 이후에는 대부분의 자기계발서가 마약이나 진정제 이상의 효과를 주기 어렵다는 것을 깨달았고, 세계를 주도하는 패권국인 미국이 졸지에 대공황 이후 역사상 최대의 위기를 불러온 나라로 전락하면서, 그들이 생산한 자기계발서가 외치는 리더십을 외면하기 시작했습니다.

자기계발서에서 실망한 젊은이들은 그 감성을 텔레비전 프로그램으로 옮겨가고 있습니다. 한때 '루저'였던 출연자들이 레슬링을 하는 〈무한도전〉, 노래와는 거리가 멀었던 스타들이 콘서트에 열을 올리는 〈남자의 자격〉, 무명인에서 일약 대중을 한순간에 휘어잡는 스타로 거듭나는 〈슈퍼스타K〉 등의 방송프로그램을 휴대전화로 내려 받아 언제 어디서나 열심히 보고 있습니다.

그런데 말입니다. 묘한 사실이 하나 있습니다. 망해가는 자기계발서 시장에서 살아남은 유일한 트렌드가 있다는 겁니다. 바로 '행복'입니다. 최근의 자기계발서들은 일제히 행복이라는 키워드로 포장하기 시작했습니다. 특히 의사이면서 코미디언인 독일인 에카르트 폰 히르슈하우젠이 쓴 『행복은 혼자 오지 않는다』(은행나무)는 두 달 만에 10만 부나 팔려나가 출판기획자들을 충격으로 몰아넣었습니다.

물론 행복은 영원한 테마입니다. 아리스토텔레스가 행복을 '최고선最高善'이라고 부른 이래로 그럴듯한 '행복론' 하나 갖고 있지 않은 철학자나 사상가, 혹은 문인이 없을 정도입니다. 『행복의 역사』(열린터)에서 미셸 포셰가 지적

했듯이, 추상적 개념인 행복은 시대의 패러다임에 맞춰 조응해왔습니다. 이번에도 그런 것이라고 치부해버리고 말까요?

2006년 대중은 그때까지 열렬히 꿈꿨던 '성공'이 쉽게 오르지 못할 산이라는 것을 깨닫고 '나만의 행복'으로 눈높이를 낮췄었지요. 그때 『우리들의 행복한 시간』(공지영, 푸른숲)의 두 주인공, 사형수인 남자와 세 번의 자살을 기도했던 여자는 일주일 가운데 3시간, 그들이 만날 수 있던 목요일 오전 10시부터 낮 1시까지의 극히 제한된 시간을 가장 행복한 시간으로 여겼었지요.

하지만 이번의 행복론은 뭔가 다른 것 같습니다. "불행은 찾아오게 마련! 때에 따라 비둘기가 될 수도 있고 머리에 비둘기 똥이 묻은 동상이 될 수도 있는 게 인생" "행복해지기는 간단하다. 다만 간단해지기가 어려울 뿐" "시상대에 오른 선수 중 동메달을 딴 사람이 가장 행복하다" "남들처럼 되고 싶으냐! 남들은 이미 충분히 많다" "좌파가 좀 더 우울하다. 심장은 왼쪽에서 뛰지만 간은 오른쪽에서 붓기에" 등 코미디 같은 이야기가 수없이 이어집니다.

한때 모든 사람이 중산층이 되는 '1억총중류(중산층)사회'를 약속했던 일본에서도 간 나오토 총리는 취임하면서 '최소불행사회'를 만들겠다고 약속했습니다. 불행하지 않은 것과 행복한 것은 다르다나요. 벤덤이 말한 "최대 다수의 최대 행복"이 아니라 더 이상 불행하지 않으면 천만다행이라고 최고 지도자가 약속하는 사회니 우리는 이런 행복론에 만족하는 것일까요?

우리 사회는 지금 전 국민의 임시직화, 최저 임금 생활자의 범람, 자영업자의 몰락, 부자감세로 인한 빈부격차 확대로 한 치 앞을 내다보기 어렵습니다. OECD 가입국 중 비정규직이 절반이 넘는 유일한 나라인데다가 청소년의 자살률, 연간 노동 시간, 인구 10만 명당 산재 사망자수 등이 '영광'스럽게도 모두 1위를 달리고 있습니다. 남녀노소 가릴 것 없이 한 치 앞을 내다볼 수 없는 삶을 살다보니 내일이 오늘보다 나빠지지 않으면 천만다행이라고 한숨을 쉬는 세상입니다. 특히 젊은이들은 '청춘'마저 잃어버리고 '88만 원 세대'에서 '77만 원 세대'로, 다시 '66만 원 세대'로 전락해가고 있습니다.

과거에 대중은 자기계발서 같은 베스트셀러를 '읽는' 것이 아니라 단지 '소비'했습니다. 지금은 〈무한도전〉〈슈퍼스타K〉 등의 프로그램을 즐기며 '보는' 것이 아니라 '소비'하고 있지요. 그들은 '정보'를 찾는 것이 아니라 '이미지'를 소비하고 있을 뿐입니다. 그런 행위를 하지 않으면 어디에서든 대화에 끼어들 수가 없으니까요. 누군가가 자신을 알아주지 않으면 마치 경쟁에서 도태되는 느낌에 몸서리치기도 하지요. 그러니 지하철에서건 직장에서건 학교에서건, 언제 어디서나 휴대전화에 내려 받아 열심히 보고 있습니다. 코미디 같은 행복론에도 열심히 빠져들고 있고요.

그들이 올해 가장 열렬히 원한 것이 무엇일까요? 나는 자존심 회복이라고 봅니다. 대중들은 스스로 구원받기를 원하며 『정의란 무엇인가』(마이클 샌델, 김영사) 같은 인문서를 최고의 베스트셀러로 올려놓았습니다. 불공정게임으로 집권층에 오른 자들이 오히려 공정사회를 부르짖으니, 그 근본이 무엇인지 직접 알아보려는 의지로 보입니다.

2010. 11. 8

감(感)—책, 감동의 순간을 '느끼다'

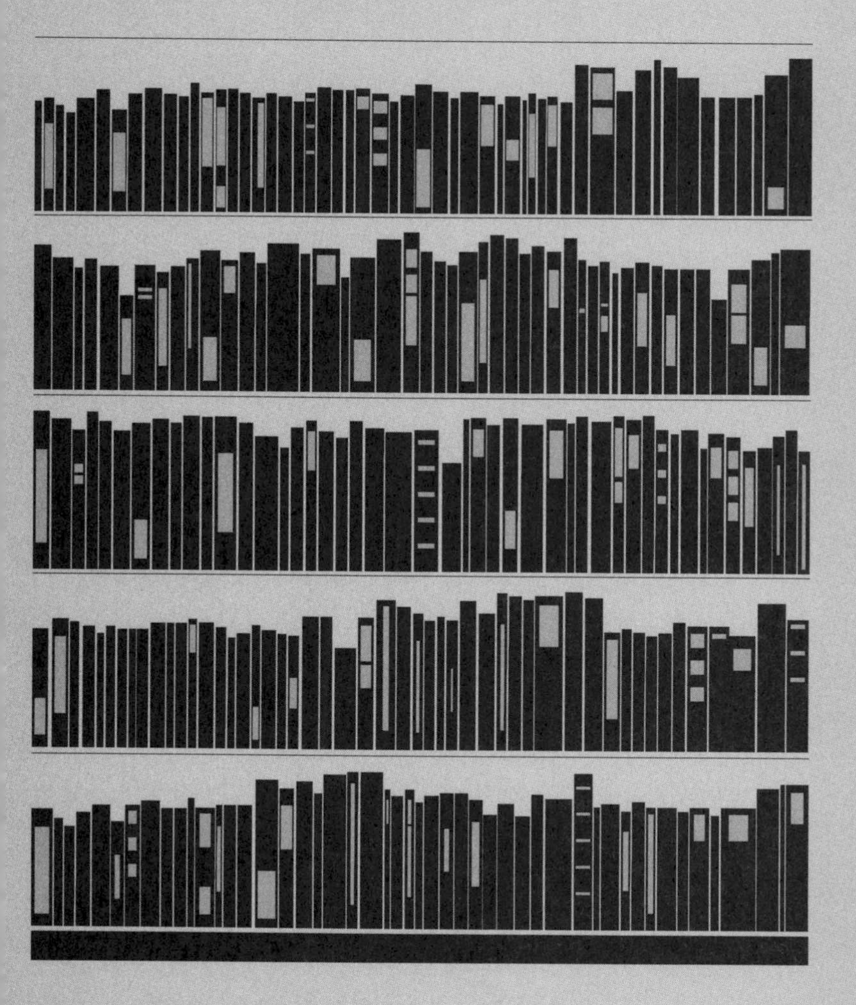

올해 '소설 전쟁'의 승리자는?

박근혜 정부가 출범한 지 7개월이 넘게 지났습니다. 새 정부가 출범한 후 실물 경제가 갈수록 침체되고 있음에도 정치권은 소모적인 정치적 이슈만 끊임없이 확대 재생산하고 있습니다. 한국사회는 김대중 정부가 출범한 이래 새 정부가 출범할 때마다 큰 위기를 겪어야만 했습니다. 한심한 정치권 때문에 올해도 그런 위기를 겪을 것 같은 공포감이 우리를 엄습하고 있습니다.

증거를 대라고요. 큰 위기에는 소설이 잘 팔립니다. IMF 외환위기 직후인 1998년에는 이영도의 『드래곤 라자』(황금가지)와 이우혁의 『퇴마록』(들녘)이 등장하며 판타지 소설이 크게 떴고, 2003년의 카드대란 때는 '귀여니 신드롬'이 불면서 인터넷소설 열풍이 불었으며, 2008년의 글로벌 외환위기로 경제성장이 멈추다시피 했을 때에는 성장소설 붐이 대단했습니다.

작년만 해도 독자들은 소설을 외면했습니다. 그런데 올해는 초여름에 접어들면서 소설이 출판시장을 주도하기 시작했습니다. 『7년의 밤』의 작가 정유정은 『28』(은행나무)을 내놓았습니다. 조정래의 『정글만리』, 김려령의 첫 성인소설 『너를 봤어』(창비), 정이현의 『안녕, 내 모든 것』(창비), 김영하의 『살인자의 기억법』(문학동네), 이정명의 『천국의 소년』(열림원) 등의 신작소설은 신경숙의 『달에게 들려주고 싶은 이야기』(문학동네)와 박범신의 『소금』 등과 혈투를 벌일 태세입니다.

높은 선인세로 화제의 중심에 오른 무라카미 하루키의 『색채가 없는 다자키 쓰쿠루와 그가 순례를 떠난 해』(민음사)는 예약판매만으로 베스트셀러 1위에 올랐으며, 넬레 노이하우스의 『사악한 늑대』(북로드), 댄 브라운의 『인페르노』(문학수첩), 미야베 미유키의 『솔로몬의 위증』(문학동네), 오쿠다 히데오의 『소문의 여자』(오후세시), 제임스 설터의 『가벼운 나날』(마음산책) 등 외국 소설의 강세도 만만찮습니다. 베르나르 피보가 격찬했다는 조엘 디케르의 『해리 쿼버트 사건의 진실』(문학동네)도 곧 가세할 것입니다.

출판사들의 기대작이 책이 가장 많이 팔리는 휴가철을 겨냥해 출간되는 바람에 소설을 즐기는 독자들은 행복한 비명을 질러야 할 판입니다. 이리하여 연말에는 2013년 출판시장을 소설이 주도했다는 정리를 미리 해볼 수 있을 것 같습니다. 그렇다면 이 가운데 어떤 소설이 과연 승리자가 될까요. 지난 15년간의 소설 시장의 변화를 통해 한번 예상해보겠습니다.

1998년과 2003년 사이에는 지고지순한 사랑을 그린 순애純愛소설 붐이 대단했습니다. 『국화꽃 향기』(생각의나무), 『가시고기』, 『세상의 중심에서 사랑을 외치다』(지식여행) 등의 밀리언셀러는 IMF 외환위기로 가족 해체의 위기를 겪은 이들의 진정한 속마음을 알려줬습니다.

2003년과 2008년 사이에는 댄 브라운의 『다빈치 코드』(베텔스만)를 필두로 한 팩션소설의 열풍이 대단했습니다. 『칼의 노래』(생각의나무)를 비롯한 한국형 팩션과 인문서들도 큰 인기를 끌었지요. 45세가 정년이라는 '사오정'이라는 단어가 2003년에 처음 등장한 이래 삼팔선, 삼초땡, 이태백 등 직장인의 고뇌를 알려주는 단어의 나이가 밑을 잊은 것처럼 낮아지자, 현실의 고단함에 지친 개인은 현실과 환상의 경계가 해체된 팩션으로 고통을 잠시 잊고 싶었던 게지요.

2008년과 2013년 사이에는 영화나 드라마로 만들어진 소설들만 불티나게 팔려나갔습니다. 오죽했으면 소설은 그 자체의 힘으로 팔리는 '본원적 상품'이 아니라 영상작품에 기댄 '파생상품'에 불과하다는 자탄의 소리가 쏟아져 나왔을까요? 하여튼 드라마 〈해를 품은 달〉에서 왕 역할을 했던 김수현이 팬덤의 규모를 엄청나게 키우는 바람에 영화 〈은밀하게 위대하게〉의 인기도 정말 대단했습니다.

그렇습니다. 소설에서 영상의 힘은 점차 강화됐습니다. 1998년에는 〈편지〉를 비롯한 영화 원작을 소설화한 영상소설이 인기를 끌었다면, 2003년에는 『파페포포 메모리즈』(심승현, 홍익출판사)를 비롯한 카툰 붐이 대단했습니다. 2008년에는 이름 있는 작가들은 모두 인터넷 속으로 들어가 장편소설을 연재했지만 스토리텔링 자체를 바꾸지 않는 바람에 동력은 곧 떨어지고 말았습니다. 웹툰 원작의 영화 〈은밀하게 위대하게〉가 최고의 기록을 쓰고 있는 올해는 웹툰이 상한가를 치고 있습니다. 『레 미제라블』 『안나 카레니나』 『위대한 개츠비』 등 영화의 원작 고전들도 인기를 끌고 있습니다.

자, 이제 결론을 내리지요. 저는 소설 내부에 영상적인 서사를 건축적인 구조처럼 강고하게 구축한 소설이 앞으로 문학 시장을 평정할 것으로 봅니다. 인구 29만 명의 화양시가 불과 28일 만에 피폐화되는 과정을 그린 정유정의 『28』 같은 작품 말입니다. 이 소설은 인물의 시점이 바뀔 때마다 카메라 앵글이 바뀌는 것 같아 영화나 드라마로 만들 경우에 시나리오를 일부러 만들 필요가 없어 보입니다.

접속사를 발견할 수 없는 빠르게 반복되는 짧은 문장의 심리 묘사, 울림이 강한 사회적 메시지, 힘이 넘치는 웅장한 문체, 상상력을 자극하는 적절한 대비와 은유, 등장인물들의 물고 물리는 대립 구도, 시선의 차이를 통해 안겨주는 넉넉한 상상력, 사선을 넘나드는 공포 속에서도 결코 잃지 않는 따뜻한 인간애, 스스로 진화한 완벽한 구성의 스토리텔링, 액자처럼 자주 등장하는 에피소드의 강렬함 등도 『28』이 지닌 강점들입니다.

정유정은 드디어 한국 대표작가의 한 자리를 차지한 것이 아닌가 싶습니다. 여러분이 직접 확인해보시지요.

2013. 7. 2

당신, 이제 어떻게 살 것인가

최근 새 정부가 등장할 때마다 어김없이 위기에 시달렸습니다. 김대중 정부의 IMF 외환위기, 노무현 정부의 '카드대란', 이명박 정부의 '글로벌 금융위기'가 그렇습니다. 위기가 거듭될수록 우리의 삶은 더욱 피폐해졌습니다. 경제 하나는 살릴 것으로 기대했던 이명박 실용정부 5년 내내 양극화가 극심해지는 바람에 우리는 스스로 치유를 하면서 많이 참고 기다렸습니다.

올해 '원칙과 신뢰'를 중시한다는 박근혜 정부가 출범했지만 한 달도 되지 않아 박 대통령이 내걸었던 약속 중에 지켜진 것을 찾아보기 어려워졌습니다. '경제민주화' 같은 비전은 헌신짝처럼 내던져진지 오래고, '조폭 의리'의 인사만 난무하는 바람에 올바른 사람을 찾아 쓰는 용인술은 찾아보기 어렵습니다. 그러니 우리가 이번에도 어김없이 위기가 닥칠 것 같은 공포감에 시달리는 것은 당연합니다.

어떻게 아느냐고요. 출판시장은 벌써 그걸 확인시켜주고 있습니다. 김대중 정부 때는 막연한 심리적 불안감에, 노무현 정부 시절에는 총체적 불안감에 시달렸습니다. 그래도 그 시기에는 '벤처열풍'이라도 불어서 누구라도 노력만 하면 '성공'할 수 있다는 꿈이라도 꿀 수 있었습니다. 그래서 자기계발서의 열풍이 대단했습니다.

'성공'이라는 담론이 무너지기 시작한 것은 노무현 정부 말기입니다. 자신의 꿈을 최대한 좁혀 놓고 그것이라도 이뤄지면 다행이라는 심리가 작동했습니다. 공지영의 『우리들의 행복한 시간』에서 주인공들이 매주 목요일 오후에 잠시 만나는 것에 행복을 느끼는 것처럼 '나만의 행복'을 추구하기 시작했습니다. 이명박 정부 5년 내내 출판시장을 관통한 유일한 키워드가 '셀프 힐링'이라는 것은 전에 말씀드렸습니다.

지칠 만큼 지친 대중이 최근에는 친구 같은 멘토가 던져주는 한 줄의 어록에 그나마 위안 받았습니다. 『아프니까 청춘이다』와 『멈추면, 비로소 보이는 것들』이 바통을 이어가며 출판시장을 휩쓸었습니다. 합해서 500만 부가 팔리는 우리 출판역사상 전무후무한 일이 벌어진 것이지요. 대중의 삶이 얼마나 피폐했으면 이런 일이 벌어졌을까요.

위기를 하도 겪으니 도가 트는 모양입니다. 대중은 『합리적 행복』(올리버 버크먼, 생각연구소)을 추구하기 시작했습니다. 긍정의 심리학에 도취해 삶을 낙관했다가 좌절하고 급기야 '멘붕'에 빠지느니 차라리 처음부터 일종의 비관론에 빠지는 것입니다. "인간은 더러 불행하기도 하고, 우울하기도 하며, 슬프기도 하다"는 현실을 정확히 직시하는 것이지요.

'합리적 행복'을 추구하는 사람들은 "자기 내면의 삶을 향해 비스듬한 자세를 취하는 것, 잠깐 멈춰 서서 한 걸음 물러나는 것, 긍정적이고 가장 짧아 보이는 길은 대개 보다 심오한 행복으로 가는 확실한 길과 다르다는 것을 흔쾌히 인정하는" 사고방식을 공유합니다. 무조건 긍정적으로 생각하거나 성공한 사람을 따라 하거나 꼭 해보고 싶은 버킷 리스트를 작성하기보다는 하기 싫었던 일을 찾아서 하는 것입니다.

10년 동안 정치인으로 살다가 '자유인'으로 돌아온 유시민이 그렇습니다. 『어떻게 살 것인가』(아포리아)에서 유시민은 "사는 데만 집중"할 것이 아니라 "품위 있게 세상을 떠날 준비"를 하겠다고 말합니다. 그것은 '죽음'이 아니라 '존엄'을 선택하는 것입니다. 그러기 위해서는 "내가 하고 싶은 일을 내가 옳다고 믿는 방식으로" 살아갈 필요가 있습니다. 스스로 설계하지 않은 인생을 '닥치는 대로' 열심히 살아보았자 삶에 대한 자부심과 긍지를 절대 느낄 수 없기 때문입니다. 그러기 위해서는 자신의 실패부터 당당하게 인정해야 할 것입니다.

다른 증거도 많습니다. 신간 소설이 전반적으로 침체하는데도 『레 미제라블』 같은 고전을 읽는 사람이 크게 증가하고, 『지금 시작하는 인문학』(주현성, 더좋은책) 같은 소프트 인문학 서적이 붐을 이루고, 새로운 리더십을 가진 인물 이야기에 목말라하는 것 말입니다. 인기인들이 버킷리스트를 따라해보던 〈남자의 자격〉이 폐지되는 반면에 아빠가 아이와 함께 하기 싫은 일을 해보는 〈아빠! 어디 가?〉의 인기가 올라가는 것이나, 여섯 살 지능에 불과한 아빠의 딸에 대한 무한한 사랑을 그린 '웃픈' 영화 〈7번방의 선물〉의 이례적인 폭발적 인기 또한 같은 맥락일 것입니다.

회사와 가족만을 생각하고 앞만 보고 달려온 세대가 이제 숨을 고르기 시작했습니다. 50대인 700만 명에 이르는 1차 베이비부머(1955~63년생)의 은퇴가 시작되고, 40대인 600만 명에 이르는 2차 베이비부머(1968~74년생)의 대부분은 자식들 교육 때문에 등골이 휘는 하우스푸어로 전락하고 있습니다. 이들은 그저 앞만 보고 평생을 달리느라 가슴에 맺힌 응어리를 풀어본 적이 없습니다. 그런 그들이 불안, 화, 우울, 분노, 탈진, 돈 등의 화두에서 벗어날 움직임을 보이고 있는 것입니다.

'3포'나 '6무' 세대로 불리는, 그들의 자식들은 '먹고사는' 문제를 여전히 해결하지 못한 부모 세대를 원망했습니다. 지난 18대 대통령 선거결과를 보고 그들은 '멘붕'에 빠져들었습니다. 하지만 그들이 이제 '아버지'와 화해하기 시작했습니다. 〈내 딸 서영이〉의 서영처럼 부모세대도 '꿈'이 있었다는 것을 깨닫기 시작한 것이지요. 그래서 올해는 '삶'과 '죽음', 그리고 '가족'이라는 화두에 온 세대가 매달릴 것 같습니다.

2013. 3. 19

우리가 그래도 살아야 하는 이유

이명박 정부 5년 동안 우리는 스스로 치유하느라 여념이 없었습니다. 책뿐만 아니라 방송, 영화, 연극, 미술 등 전 문화 영역에 '셀프힐링'의 거대한 열풍이 휘몰아쳤습니다. 2013년에는 새로운 '철학'으로 물꼬를 바꿀 필요가 있다는 생각을 하고 있는 저에게 『화에 대하여』(사이)라는 책이 운명처럼 다가왔습니다. 이 책의 저자는 약 2,000년 전에 유행했던 스토아 철학의 대가 세네카입니다.

세네카는 화에 대한 최고의 치유책은 유예와 숨김이라고 말합니다. 잠시 기다리는 동안 처음에 끓어오르던 기세는 누그러지고 마음을 뒤덮었던 어둠은 걷히거나 최소한 더 짙어지지 않게 된다고 하네요. 출간 즉시 인문 베스트셀러에 오른 이 책에는 이런 일화가 등장합니다.

고대 로마제국 3대 황제인 독재자 카이사르는 멋 부린 차림새와 유난히 공들여 손질한 머리모양이 자신의 심기를 거슬렀다는 이유로 로마의 기사 파스토르의 아들을 감금합니다. 파스토르가 아들의 목숨을 살려달라고 애원하자 그는 마치 생각났다는 듯이 사형 집행을 명하고는 곧바로 그의 아버지를 만찬에 초대합니다.

궁에 들어온 파스토르는 카이사르가 커다란 잔을 들어 자신의 건강을 위해 건배를 제의하자 아들의 피를 마시는 것처럼 이를 악물고 술을 마십니다. 카이사르가 향유와 화관을 하사하자 기꺼이 받습니다. 통풍에 걸린 늙은 아버지는 아들을 땅에 묻지도 못한 채 자식들의 생일에도 그렇게 많이 마시지 않았을 포도주를 들이키면서도 눈물 한 방울 흘리지 않았으며 털끝만큼도 슬픔을 내색하지 않았습니다. 그는 마치 아들의 목숨을 살려달라는 탄원이 받아들여진 것처럼 흔연히 식사했습니다. 왜냐고요. 그에게는 또 한 명의 아들이 있었습니다.

얼마 전 한반도를 둘러싼 나라들의 최고 집권자가 일제히 바뀌었습니다. 따라서 정책의 불투명성이 걷혔으니 우리가 희망을 품어야 할 것입니다. 그러나 세상 분위기는 전혀 그렇게 돌아가지 않습니다. 특히 한반도에 살아가는 사람들은 커튼 뒤에서 모든 것을 결정하려 드는 '교양 없는' 통치자의 등장에 불안해하는 사람이 많습니다.

우리는 가슴에 품고 있는 저마다의 '아들' 때문에 구차한 목숨을 억지로 부지하고 있는지도 모르겠습니다. 그래서 일까요. 2013년 초반 인문서 베스트셀러 1위는 "예일대 17년 연속 최고의 명강의"라는 셸리 케이건의 『죽음이란 무엇인가』(엘도라도)가 독주한 바 있습니다. 케이건은 삶은 '양'보다 '질'이라네요. 그는 영혼은 존재하지 않으니 사랑하고, 꿈꾸고, 창조적인 능력을 발휘하는 '놀라운' 기계이면서 반드시 죽는 인간은 무조건 잘살아야 한다고 말합니다. 한 번뿐인 삶은 아무도 되돌릴 수 없습니다. 그러니 우리는 주어진 짧은 시간 동안 진정 가치 있는 목표들을 적절하게 혼합해 성취감을 추구해야만 합니다.

우리는 '살아야 하는 이유'를 어디서 찾아야 할까요. 지난 18대 대통령 선거를 통해 "한국 사회는 학력이나 자산, 소득이나 지위의 극단적인 격차와 함께 행복과 불행의 차가 역력하여 과거 어느 때보다 사회 안에 르상티망(원한)이 깊이 퍼져나가고 있"(『살아야 하는 이유』, 강상중, 사계절)어 살아가는 의미를 찾지 못해 번민하며 고민하는 사람이 엄청나게 많다는 것이 드러났습니다.

'글로벌 착취'로 말미암아 세상에 뿌리조차 내리지 못한 젊은 세대는 민주화라는 것은 어느 정도 이뤄냈지만 '먹고 사는' 문제에 대해서는 아직 확실한 정답을 찾아내지 못한 아버지 세대를 부정합니다. 지금 젊은 세대가 바라보는 아버지는 '할 수 있다'는 이데올로기로 근대화를 추구했던 박정희 시대의 향수에 빠져있으면서 자신의 노후 문제는 전혀 해결하지 못해 불안에 떨며 '찢겨진 삶'을 살아가는 존재일 뿐입니다. 부모세대는 자식세대를 위로하기는커녕 '종북좌파'로만 매도하기에 바쁩니다. 나는 매도당한 것이 억울해 우는 자식들의 모습을 수없이 목격했습니다.

정보기술 혁명은 원천적으로 '고용 없는' 성장을 낳고 있습니다. 그 결과로 이미 세계 시민의 셋 중 한 사람은 극심한 빈곤에 허덕이고 있습니다. 강상중의 지적대로 우리가 "오랫동안 열에 들뜬 것처럼 '성장'을 바라고, 죽음을 싫어하고, 삶을 칭송하고, 자원을 탕진하는 데" 열중해왔지만 이제 우리는 '개인'이나 '국가' 차원에서는 통제할 수 없는 강력한 힘에 자신의 삶을 처절하게 짓밟히고 있습니다. 우리가 발버둥칠수록 비정규직의 늪으로 더 깊이 빠져들고, 1퍼센트를 제외하고는 갈수록 벌어지는 빈부격차에 넋을 놓을 뿐입니다.

스테판 에셀은 "무관심이야말로 최악의 태도"라며 "지금은 분노하고 저항할 때"라고 말합니다. 그는 『분노하라』(돌베개)에서 "창조, 그것은 저항이며 저항, 그것은 창조"라는 마지막 문장을 우리에게 선사했습니다. 창조는 언제나 저항에 부딪히고 저항은 뭔가를 창조할 때만 실현되는 법입니다.

그는 강연집 『분노한 사람들에게』(뜨인돌)에서 세계가 '막대한 부'와 '전대미문의 빈곤'이라는 두 가지 큰 위험에 직면해있다고 말합니다. 그는 우리에게 우리가 이 위험을 극복하기 위해서는 분노하는 것에서 그치지 말고 공감하고 연대하라고 촉구합니다. 참여, 공감, 감정이입, 이해심 등으로 인류가 단합해야 한다는 것이지요. 그렇습니다. 우리는 일시적인 감정인 화에 머무르지 말고 참여하고 실천해야 할 때입니다. 정말 많은 사람들이 새해에는 공감하며 참여해서 세상을 바꿔나가는 데 일조하는 삶을 살았으면 합니다.

2013. 1. 15

'성적 복종'이라는 욕망

문화와 소비의 시대인 1990년대는 자신을 드러내고자 하는 욕망의 수위가 고조되던 시기였습니다. 현실사회주의가 붕괴하자마자 책 제목에 가장 많이 들어간 단어가 '나'였으니까요. 이 시기를 가장 압도했던 사상은 아마 '페미니즘'이 아닐까 싶습니다. 이른바 '공격적 페미니즘' 소설이 출판시장을, 젊은 여성의 마음을 뒤흔든 것은 1992년이었습니다. 양귀자의 『나는 소망한다, 내게 금지된 것을』(살림), 공지영의 『무소의 뿔처럼 혼자서 가라』(문예마당), 이경자의 『혼자 눈뜨는 아침』(푸른숲) 등은 '사랑(결혼)'이라는 전통적 가치보다 '일'이라는 자기실현을 중시하라고 가르쳤습니다.

이후 소설 속에서 여성의 '지위'는 나날이 치솟기 시작했습니다. 천 년 동안 못다 이룬 사랑을 완성하려는 연인의 슬픈 사랑 이야기인 양귀자의 『천년의 사랑』(살림)이 등장한 것은 1995년이었습니다. 이때 하병무의 『남자의 향기』(밝은 세상), 김상옥의 『하얀 기억 속의 너』(창해), 백금남의 『천상의 약속』(창해) 등 남자로부터 무한사랑을 독차지하는 여성들의 이야기가 상한가를 쳤습니다.

외환위기 직후인 1998년 여성들은 드디어 남자를 '고르기' 시작합니다. 『모순』(양귀자, 살림)의 25세 주인공 안진진은 '몽상'과 '현실'을 상징하는 두 남자를 저울질하다가 '현실'을 선택합니다. "애인이 셋 정도는 되어야" 사랑에 대한 냉소를 유지할 수 있다고 말하는 『마지막 춤은 나와 함께』(은희경, 문학동네)의 주인공 진희는 바람처럼 가볍고 분방한 사랑을 추구합니다.

21세기는 '여성의 시대'입니다. 더 이상 오를 곳이 없을 정도로 지위가 오른 여성은 최상의 멘토로 자기 자신을 설정하기도 하고, 여자로서 당당하게 살아가는 데 필요한 실천 매뉴얼을 열심히 익혔습니다. 때마침 알파걸, 골드미스 등 이들을 칭송하는 신조어도 끊임없이 등장하면서 비혼주의자도 늘어났습니다.

『브리짓 존스의 일기』(헬렌 필딩, 문학사상사), 『섹스 앤 더 시티』(캔디스 부시넬, 아침나라), 『악마는 프라다를 입는다』(로렌 와이스버거, 문학동네) 등 젊은 여성을 위한 문학이라는 '칙릿'이 큰 흐름을 이룬 것은 2000년대 중반입니다. 영상화된 이 소설들은 런던, 뉴욕 등 대도시에 살며 세상의 흐름을 주도하는 전문직에 종사하는 20~30대 미혼여성들의 세속적인 욕망과 자유분방한 성생활을 거침없이 보여줬습니다. 이런 흐름이 국내에도 자연스럽게 이식됐습니다. 정이현의 『달콤한 나의 도시』(문학과지성사)와 백영옥의 『스타일』(위즈덤하우스)은 드라마로도 방영되었습니다.

선두에 서서 거친 세파를 온몸으로 막아내던 알파걸들의 피로감이 극도로 치솟아서일까요. 지극히 반페미니즘적인 소설 하나가 세계를 강타하고 있으니 말입니다. 『그레이의 50가지 그림자』(E L 제임스, 시공사) 시리즈는 시간당 10만 달러쯤 버는 27세의 억만장자 크리스천 그레이와 대학을 갓 졸업한 21세의 아나스타샤 스틸의 파격적인 사랑을 관능적인 묘사로 그려낸 소설입니다. '엄마들을 위한 포르노'라고 일컬어지기도 하는 이 소설에는 다양한 섹스 장면이 끊임없이 등장합니다. 페이스북을 만든 마크 저커버그와 빌 게이츠를 합쳐놓은 듯한 하버드 중퇴의 천재사업가인 크리스천 그레이는 섹스로 여자의 몸을 완전히 소유해버리는 마법의 소유자입니다. 아나는 "아름답고 죽이게 섹시하고 부자이며 고상하지만 한편으로는 천박한" 그레이에게 점차 빨려 들어갑니다. 그레이는 채찍과 체벌까지 동원한 섹스를 받아들이는 아나에게 "넌 내게 희망을 줬어"

라고 끊임없이 속삭입니다.

네 살 때 '약쟁이 창녀'인 엄마를 잃은 크리스천 그레이는 아버지가 누군지 모릅니다. 부부가 변호사와 소아과 의사인 집으로 입양됩니다. 그 집에는 입양된 형과 누이가 있었는데 다섯 식구 모두 피 한 방울 섞이지 않았습니다. 아나의 어머니는 '불치의 낭만주의자'로 네 번째 남편과 삽니다. 친아버지는 아나가 어릴 때 돌아가셨고, 아나는 엄마보다 의붓아버지에게 더 의지합니다.

크리스천 그레이는 15세부터 엄마 친구인 중년 여성에게 온갖 성적 학대를 당합니다. 그는 그 고통을 아나에게 되돌려주는 셈이지요. 이들의 로맨스는 오로지 섹스로만 이뤄집니다. 이렇게 성에 지배당하는 '섹스 판타지'를 20~30대 여성, 특히 도회적이고 교육받고 진취적인 여성들일수록 더 열렬하게 읽는다고 합니다. 이 소설이 유행하면서 '성적 복종'이라는 욕망이 하나의 확고한 주제로 떠오른다고 하네요.

아마존닷컴 사상 최초로 전자책으로 밀리언셀러가 된 이 소설은 종이책으로 인기가 옮겨 붙어 석 달 만에 2,100만 부나 팔렸습니다. 일본에서는 온라인서점 등장 초기에 『세상에서 제일 쉬운 섹스 어매이징 강좌』가 온라인서점에서 먼저 인기를 끌고 결국 오프라인 서점에서도 불이 붙었지요. 그렇다면 억눌려 있던 '섹스 판타지'에 대한 잠재적인 욕망이 디지털 기술에 힘입어 드디어 폭발하는 것일까요.

자본 증식을 위해서라면 못하는 것이 없는 과학문명에 대한 절망감과 합리적 이성에 대한 신뢰감 붕괴로 말미암아 인간의 관심이 '몸'과 '마음'으로 옮겨가기 시작한 것은 9·11 테러 직후입니다. 지루한 일상에서 도저히 탈출할 수 없는 개인이 힘겨운 현실에 대한 절망감으로 '몸'에 대한 욕망을 키웠다지요. 시대를 거꾸로 가는 '섹스 판타지'의 대단한 인기는 굴욕적인 섹스가 '해방(구원)'을 가져올 수 있다고 믿는 '마음'의 증거일까요. 한때 세상을 주도했던 페미니스트들에게 꼭 한 번 던져보고 싶은 질문입니다.

2012. 8. 21

'6무 세대' 자식에게 카네이션을

일본의 '잃어버린 10년'은 대략 1991년부터 2002년까지를 말합니다. 한때 일본 경제의 고공행진을 가능하게 했던 부동산과 주식 가격이 급락하자 수많은 기업과 은행이 도산했습니다. '고이즈미 정권'이 신자유주의를 근간으로 한 고강도 개혁 정책을 실시해 경기가 잠시 살아나는 듯했지만 2008년의 글로벌 금융위기로 다시 흔들렸고, 2011년 3월 11일에는 대지진마저 겪으면서 심각한 리더십 위기를 겪고 있습니다. '잃어버린 10년'은 이제 '잃어버린 20년'이 되었다지요.

로버트 기요사키는 『앞으로 10년, 돈의 배반이 시작된다』(흐름출판)에서 세계 경제대국 가운데 첫 번째로 부도가 날 국가는 일본이라네요. 국내총생산(GDP) 대비 국가 부채비율이 가장 높기 때문이라는군요. 2010년의 국가 부채비율은 일본이 200퍼센트, 미국이 58.9퍼센트, 영국이 71

퍼센트였습니다.

4대강 삽질로 일관한 이명박 정권은 작년에만 국가 부채와 공공기관 부채를 약 60조 원 이상 크게 늘렸습니다. 정부와 공공기관의 채무는 모두 약 884조 원으로 작년 GDP의 71.6퍼센트에 달합니다. 우리도 이대로 가다가는 일본의 전철을 그대로 밟을 것이 분명합니다. 어디 부채뿐인가요? 저출산으로 말미암은 생산가능 인구의 감소, 소득이 높고 사회적 지위도 안정된 '쌍봉세대'의 은퇴, 자산가치 하락, 개인부채 급증 등 일본의 모습을 뒤따라가는 것이 한둘이 아닙니다.

1947~49년에 태어난 전후 베이비붐 세대인 단카이團塊 세대가 은퇴를 앞두었던 시절의 일본에서는 '늙음과 죽음'에 대한 우화가 크게 유행했습니다. 1998년에 노인의 건망증과 같은 망각의 힘이야말로 진정한 경쟁력이라고 말한 아카세가와 겐페이의 『노인력』이 최고 유행어로 뽑힌 것이 계기가 된 이후, 아흔 살의 현역 의사인 히노아라 시케아키가 "나이듦이란 노쇠가 아니라 숙성되는 것"이라며 장수사회를 살아가는 법을 알려준 『생활에 능숙함』과 일흔 살의 이시하라 신타로가 쓴 『나이듦이야말로 인생』이 폭발적으로 팔려나갔습니다.

젊은 시절 치열하게 인생론에 몰두했던 단카이 세대가 노년의 입구에 다다르자 청춘을 회고하며 남은 인생에 대해 다시 한 번 생각하고자 하는 욕구가 분출했었지요. 100살을 넘긴 장수자들이 많은 일본에서 이 책들을 인생의 전환점에 선 50대가 많이 읽었다고 합니다. 그즈음 최고로 인기를 끌던 실버 잡지인 〈사라이〉는 정치, 경제, 비즈니스, 질병, 금전 등 다섯 주제는 절대로 다루지 않았습니다. 잡지를 읽는 동안만이라도 골치 아픈 이야기는 잊어버리라는 독자에 대한 배려였지요.

'늙음과 죽음'이 이렇게 시대적 화두가 되는 와중에 40대가 풍요로운 노년을 맞이하기 위해 무엇을 준비해야 하는가를 알려주는 책 『40대이기 때문에 할 수 있는 모든 것』, 『마흔부터 현명한 삶』, 『마흔부터의 인생설계 가이드』, 『40살부터의 새로운 노년학』 등의 40대를 위한 다양한 정보 서적들이 큰 인기를 끌었습니다.

평균연령이 80살을 넘긴 우리 사회에서도 이제 '100세 마케팅'이 유행하고 있습니다. 인생의 전환점인 40대를 위한 책들에 대한 관심도 증폭되고 있습니다. 『마흔, 논어를 읽어야 할 시간』(신정근, 21세기북스), 『마흔에 읽은 손자병법』(강상구, 흐름출판), 『마흔살, 행복한 부자 아빠』(아파테이아, 길벗), 『아플 수도 없는 마흔이다』(이의수, 한국경제신문) 등의 인기는 40대가 책의 중요한 소비층으로 부상하고 있음을 알려줍니다.

로버트 기요사키의 지적처럼 우리는 과거에 "학교 교육, 직업 안정성, 급여, 의료보험, 조기 은퇴 그리고 평생 동안 지속되는 정부 지원과 같은 산업화 시대의 유물에 집착"했습니다. 하지만 지금은 정보화 사회입니다. 우리는 과연 새 시대에 맞는 사고를 하고 있나요. 『정의란 무엇인가』의 저자인 마이클 샌델은 『돈으로 살 수 없는 것들』(와이즈베리)에서 세계를 주도하는 경제국가 반열에 올라선 한국도 경제의 성공에 부수적으로 증가하는 "각종 불만들을 어떻게 완화할지, 공정한 사회를 어떻게 구축할지, 시장가치가 가족·지역사회·공공성을 훼손하거나 잠식하지 못하게 하려면 어떻게 해야 하는지에 대한 해답을 찾아야만" 미래가 있다고 말합니다.

그렇습니다. 정보기술 혁명이 이제 겨우 걸음마 단계를 걷고 있는 지금, 우리는 미래를 전혀 예측할 수 없습니다. 세상의 변화가 하도 극심해 부모세대와 자식세대의 가치관은 부챗살처럼 한없이 벌어지고 있습니다. 이런 세상에서 일자리, 소득, 집, 연애(결혼), 아이, (미래에 대한)희망이 없는 '6무無 세대'가 된 젊은이들은 오늘보다 나은 미래를 전혀 기대하지 못하자 무수하게 자살을 꿈꾸고 있습니다.

자신의 앞날을 몰라 헤매다가 40대가 되어서야 겨우 공부를 시작하거나 운이 좋았던 젊은 시절에 모아놓은 자산이나 소비하면서 여생을 이어가려는 부모세대가 자식에게 알려줄 세상을 이겨낼 지혜가 과연 존재할까요.

오늘은 5월 8일은 어버이날입니다. 많은 부모들이 자식들이 달아준 카네이션과 건네준 선물에 기뻐했을 것입니다. 하지만 지금은 한갓 '노예의 학문'으로 전락해버린 각종 스펙을 갖추라고 강요해온 부모들이 그런 기쁨을 누릴 자격이 과연 있을까요. 오히려 고통 받는 자식들에게 부채만 잔뜩 물려주고 세상을 이겨낼 힘은 스스로 갖춰보라고밖에 말하지 못하는 것을 반성하며 자식의 가슴에 '응원'의 꽃을 달아주어야 하지 않을까요.

2012. 5. 8

'올해의 책'을 믿으십니까

해마다 연말이면 '올해의 책'을 뽑습니다. 언론사들은 출판사 경영자나 편집자, 담당기자들이 참여해 10권 정도를 선정하지요. 언론사마다 새롭게 해보려고 여러 방법을 써보기는 합니다. 하지만 새롭다는 인상을 주지는 못하고 있습니다. 저도 몇 언론사의 요청에 응해 제가 생각하는 '올해의 책'들을 추천했습니다. 그런데 이 일이 그리 쉽지 않습니다. 1년에 5만~6만 종이나 출간되는 책을 모두 읽어본 것이 아니니 올해에 특별히 주목해볼 이유가 있는 책을 고른다는 것에는 한계가 많습니다. 13년째 출판전문잡지를 펴내고 늘 서평을 써온 제가 그럴진대 다른 이들은 어떨까요.

그래서일까요. 일부 온라인서점들은 쉬운 방법을 씁니다. 한 온라인서점은 선정 대상 후보 목록을 제시해놓고 독자들의 추천을 받습니다. 올해 남다른 감회를 안겨준 책이 사람마다 따로 있을 것이니 나름대로 좋은 방법이라 생각

됩니다. 그러나 그 이면에 숨겨진 추악한 사실을 알면 경악할 것입니다. 분야별 후보에 오른 책을 펴낸 출판사들은 20만 원의 광고비를 부담해야만 했습니다. 그 책이 아니어도 후보는 많다는 협박에 거의 모두 굴복했습니다. 분야별로 크게 노출되는 책에는 따로 30만 원의 광고비를 더 부담했습니다. 독자가 몇 백 종의 후보도서를 두고 투표했으니 온라인서점의 수입이 짭짤했을 것입니다.

온라인서점의 이러한 만행에 항의한 출판사는 거의 없었답니다. 오히려 한 술 더 떠서 자사의 책을 추천해달라고 소셜미디어에 읍소하는 마케팅이 성행했습니다. 아마도 직원과 지인을 동원하여 추천에 열을 올리는 일도 적지 않았을 것입니다. 출판인들의 어려운 처지를 모르는 바가 아닙니다. 온라인서점의 판매력이 커지면서 온라인서점의 메인 화면에 책이 노출되는 것을 최고의 마케팅으로 생각하는 그들이니 온라인서점의 눈 밖에 나는 것이 두려웠을 터이니까요. 이렇게 추천된 '올해의 책'을 미화하는 책자가 어느 시사 잡지의 부록으로 출간되기도 했습니다. 출판사는 그 잡지에도 수백만 원의 광고비를 다시 부담했습니다.

그렇습니다. 판매력을 이용한 온라인서점의 횡포가 갈수록 심해지고 있습니다. 출판사들이 온라인서점과 신규 거래를 하려면 적어도 60퍼센트 이하로 책을 공급해야 합니다. 대량부수를 주문하면 매절거래라는 명목으로 공급가를 5~10퍼센트 낮춰줘야 합니다. 반값으로 할인할 경우는 '부르는 게 값'이라고 보는 것이 옳을 것입니다. 이렇게 해서 독자에게는 "상상 못한 가격"이 가능해집니다.

출판사들의 광고는 온라인서점에 집중되고 있습니다. 온라인서점의 화면에서 책이 특별하게 노출되는 모든 것이 광고라고 보셔도 무방합니다. 수없이 벌어지는 각종 이벤트 비용도 출판사가 부담해야 합니다. 특별한 이유를 제시한 추천 목록에 오르기 위해서는 적어도 수십만 원의 비용을 부담합니다. 아, 가뭄에 콩 나듯이 가끔은 출판사가 비용을 부담하지 않는 호객용의 '미끼상품'이 있기는 합니다. 어찌 됐든 출판사들이 거의 모든 비용을 대니 '상상 초월 보너스'도 가능합니다.

가랑비에 옷 젖지 소낙비에 옷 젖지 않습니다. "그깟 몇십만 원"하고 온라인서점의 요구에 응하다 보면 1년에 수억 원이 넘어가는 경우가 태반입니다. 베스트셀러를 꾸준히 펴내는 한 출판사는 올해에 이벤트 비용으로만 수억 원을 썼답니다.

온라인서점들끼리 출혈 경쟁을 하는 단계를 넘어서서 오픈마켓이라는 새로운 경쟁자들이 등장하다 보니 할인 이벤트는 이미 모든 금기를 넘어선 느낌입니다. 이제 "온라인서점의 수익모델은 오로지 광고"라는 이야기가 전혀 틀리지 않은 시대가 됐습니다. 어떤 온라인서점은 영화관에서 하는 광고를 개발해놓고 출판사의 참여를 '강요'하기 시작했답니다.

온라인서점의 횡포로 인한 최대의 피해자는 누구일까요. 저는 독자라고 봅니다. 독자는 무엇보다 책 선택의 다양성을 크게 훼손당하고 있습니다. 2011년 베스트셀러 1위에 오른 책은 불과 1년 만에 160만 부나 팔렸습니다. 영화나 텔레비전 등 다른 미디어와 연결된 책이 아니면 베스트셀러에 오르기가 쉽지 않습니다. 올해 팟캐스트 〈나는 꼼수다〉에 언급된 책이 일제히 베스트셀러에 오른 것이 아주 특별한 예일 뿐입니다. 그래서 책은 이제 책 자체의 힘으로 팔리는 '본원상품'이 아니라 다른 미디어의 후광에나 기대해야 하는 '파생상품'으로 전락했다는 자조의 목소리가 높아지고 있습니다.

실제로 대부분의 책은 태어나자마자 죽어가는 '유아사망'이 일반화되고 있습니다. 인문서나 시집은 1,000부, 소설은 3,000부의 초판을 소화하기도 어렵습니다. 팔리는 책과 팔리지 않는 책의 양극화가 매우 극심해졌습니다. 팔리는 책은 극히 소수에 불과합니다. 이제 출판사는 무슨 책을 펴내야 할지 모르겠다고 아우성입니다. 이런 현실에서 독자가 원하는 다양한 책이 출간된다는 것은 불가능합니다.

2011년 교보문고는 '올해의 책'을 선정하는 방법을 바꿨습니다. 평상시에 책과 가까이 하는 오피니언 리더들에게서 추천받은 책을 놓고 별도의 선정위원회가 토론해서 정했습니다. 이 방식도 추천자의 주관성이 지나치게 개입된다는 문제점이 없진 않지만 그래도 매우 신선했습니다. 그래서인지 올해 언론사들이 선정한 책들은 교보문고의 선정목록과 거의 일치했습니다.

책의 다양성을 확보하는 획기적인 정책 도입이 시급합니다. 그것은 무엇일까요. 동네마다 들어서 있는 서점에서 독자들이 자신만의 감식안으로 책을 자유롭게 고르게 하는 것입니다. 하지만 동네 오프라인서점은 찾아보기 어렵습니다. 출판사들이 영세 오프라인서점에는 책을 싸게 공급하지 않기에 그들은 할인판매를 꿈도 꾸지 못합니다. 그렇습니다. 모든 서점이 같은 가격에 책을 판매할 수 있어야만 독자가 양질의 책을, 언제 어디서나, 값싸게 구입할 수 있는 세상이 올 것입니다. 그것은 바로 완전 도서정가제입니다.

2011. 12. 28

아직도 자기계발의 덫에 빠져 계십니까?

교보문고에서 2000년대에 가장 많이 팔린 책은 '수세기 동안 단 1퍼센트만이 알았던 부와 성공의 비밀'이라는 부제가 붙어 있는 『시크릿』(론다 번, 살림Biz)입니다. 2007년 6월 이후 베스트셀러 1위를 독주하며 2년 동안 200만 부 이상 팔렸습니다. 『시크릿』 같은 책을 우리는 자기계발서라 부릅니다. 2000년대 독서시장에서는 자기계발서의 위세가 대단했습니다. 교보문고 2000년대 베스트셀러 20위 안에는 『마시멜로 이야기』(호아킴 데 포사다 외, 한국경제신문), 『설득의 심리학』(로버트 치알디니, 21세기북스), 『배려』(한상복, 위즈덤하우스), 『인생 수업』, 『긍정의 힘』(조엘 오스틴, 두란노), 『선물』(스펜서 존슨, 랜덤하우스코리아), 『끌리는 사람은 1%가 다르다』(이민규, 더난출판사), 『이기는 습관』(전옥표, 쌤앤파커스), 『화성에서 온 남자 금성에서 온 여자』(존 그레이, 동녘라이프), 『누가 내 치즈를 옮겼을까』(스펜서 존슨, 진명출판

사) 등 자기계발서가 10종도 더 들어있네요. '해커스 토익' 시리즈 두 종까지 포함하면 무려 13종이나 됩니다.

IMF 외환위기 이후 신자유주의 체제가 공고해지면서 갈수록 심화되는 글로벌 생존경쟁에서 살아남기 위해 우리는 열심히 이 책들을 읽었지요. 그래서 생활형편이 좀 나아지셨나요. 아니라고요. 맞습니다. 바버라 에런라이크는 『긍정의 배신』(부키)에서 긍정 강박에 시달리며 『시크릿』 같은 책을 열광적으로 읽는 미국 사회를 신랄하게 꼬집고 있습니다.

"긍정적으로 생각하라. 그러면 당신에게 긍정적인 일들이 찾아올 것이다. 원하는 것에 집중하기만 하면 당신은 무엇이든 가질 수 있다. 원하는 것을 정확히 제시하고, 당연한 권리로 요구하라. 그러면 그것이 당신에게로 끌려온다"는 『시크릿』의 '놀랍고 멋진 이야기'는 식자층의 경악과 조롱을 받았지만 언론의 '따뜻한 응대'를 받으면서 '사상'의 반열에까지 올랐다는 것이지요. 기업들은 '동기 유발' 강사를 초청해 노동자들에게 이 사상을 주입시키고, 초대형 교회는 하나님 말씀 대신 이 사상을 널리 전파합니다. 긍정적 사고 훈련을 통해 낙천성을 키우면 누구나 물질적 성공까지 이룰 수 있다는 것이 왜 문제일까요. 실패한 사람에게는 변명의 여지가 없게 만들기 때문이지요. 기업이 도산한 것이나 일자리를 잃은 책임을 오직 최선을 다하지 않고 성공 필연성을 굳게 믿지 않은 탓으로 돌립니다.

자기계발서의 성장 배경을 살펴보면 문제의 본질이 확연하게 드러납니다. 미국에서는 1981년부터 2003년까지 다운사이징 여파로 3,000만 명의 노동자가 일자리를 잃었습니다. 그들 중에서 빈곤층으로 전락하는 사람이 점차 늘어났습니다. '보편적 복지'로 이를 해결하지 않으려니 다른 대책이 필요했겠지요. 기업 경영자들은 2000년 우리 사회를 강타한 『누가 내 치즈를 옮겼을까』를 구매해 직원들에게 열심히 읽혔습니다.

이 책 속에는 두 마리의 쥐와 두 명의 꼬마인간이 등장합니다. 네 주인공은 미로 속에 숨어있는 치즈를 찾아 나섭니다. 미로란 치즈(각자가 원하는 목표)를 추구하는 장소(회사, 가정, 지역사회 또는 우리 삶에 등장하는 어떤 관계)입니다. 치즈란 "우리가 생활 속에서 얻고자 하는 직업, 인간관계, 재물, 자유, 건강, 명예 등 모두 아우르는 개념"입니다. 이 책을 읽은 사람들은 쥐처럼 재빠르게 변화의 파도를 탄 허는 칭찬하고, 배가 고파도 예전에 먹던 치즈가 저절로 나타나기를 기다리는 헴은 비판합니다. 그러면서 변화를 두려워하지 않고 변화를 먼저 감지하고 적응하며 행복을 찾아 나섰습니다.

이 논리대로라면 20년 동안 일하던 회사에서 하루아침에 해고통보를 받고 쫓겨난 직장인은 머리에 붉은 띠 두르고 부당 해고에 저항하지 말고 아무 머뭇거림 없이 변화를 빨리 수용하고 새로운 치즈를 찾아 나서야 합니다. 왜냐고요. 미로(악덕 기업주)는 결코 변하지 않을 것이기 때문입니다. 그야말로 철저한 환경 순응의 철학을 가르치고 있습니다. 자기계발서는 우리의 덫이었습니다.

미키 맥기는 『자기계발의 덫』(모요사)에서 실질임금 감소와 고용불안으로 대변되는 경제 환경에서 경제적 불확실성에 대처하는 대안이 부단한 자기계발밖에 없다는 분위기가 조성된 현실을 제대로 비판하고 있습니다. '정신적 마약'에 불과한 자기계발서는 노동의 유연성을 키우려는 자본가의 입맛에나 딱 맞는다는 것이지요. 실제로 자기계발 산업이 성장할수록 자수성가 신화나 사회적 신분이동 가능성은 급격하게 줄어들면서 많은 사람이 임시직으로 전락했습니다. 그러니 세계 경제 불황의 진정한 원인을 천착하고 있는 『나쁜 돈』(다산북스)의 저자 케빈 필립스는 『시크릿』의 론다 번과 『긍정의 힘』의 조엘 오스틴을 서브프라임 위기를 불러온 주범으로 고발까지 한 것이지요.

우리 젊은이들도 2000년대에 그 어느 세대보다 열심히 자기계발서를 읽고 스펙도 키우면서 글로벌화와 정보화에서 최첨단을 달렸습니다. 그들은 치솟는 등록금과 용돈을 벌려고 열심히 아르바이트도 했습니다. 절대빈곤을 겪지 않은 그들이지만 최저임금에도 미치지 못하는 '알바'를 전전하며 '너 아니어도 일할 사람은 많다'는 인간적 무시를 뼈저리게 당해보았습니다.

그들은 이제 우리 사회에 대한 인문사회과학 성찰이나 위기를 돌파할 매뉴얼을 필요로 하지 않습니다. 오로지 어깨 두드려주며 해주는 따뜻한 한마디 '위로'에 목말라 합니다. 그런 위로의 '어록'을 담은 김난도의 『아프니까 청춘이다』가 8개월 만에 100만 부를 돌파했습니다. 미국발 자기계발서는 망했지만 한국형 자기계발서는 여전히 위력을 떨치고 있는 것이지요.

2011. 9. 6

불륜이 경제를 살린다

일본에서 '잃어버린 10년'이라 불리는 버블 붕괴기를 강타한 소설은, 치명적인 불륜을 통해 인간의 깊이 있는 내면을 절묘하게 그린 와타나베 준이치의 『실락원』(1997년)입니다. 이 소설은 당시 출판 기록을 모두 갈아 치울 정도로 대단한 인기를 끌었습니다. 와타나베 준이치는 1998년에도 베스트셀러를 내놓았는데, 그것은 『반상식 강좌』(한국어판 제목은 『위험한 사랑에 목숨을 걸어라』)입니다. 그는 이 책에서 '노인들의 불륜이 경제를 살린다'는 독특한 주장을 내놓았습니다.

당시 일본 가계의 금융자산은 1,200조 엔 정도였습니다. 이 중 70퍼센트 정도를 60세가 넘는 노인들이 갖고 있었습니다. 하지만 1인당 평균 1,000만 엔을 갖고 있던 노인들은 노후에 대한 막연한 불안 때문에 이자가 제로나 마찬가지인데도 돈을 끌어안고 살았습니다. 이른바 장롱 예금입니다. 금융자산 가운데 1,000조 엔 이상의 돈이 유효하게 이용되지 못하고 있는데도 노인들이 집안에서 낮잠이나 자고 있으니 노인들에게 '불륜'이라도 벌이라고 외쳤던 것이지요.

돈 있는 노인들이 연애를 하면 고급 호텔이나 레스토랑을 이용하고 비싼 선물도 할 것입니다. 몸치장을 위해 미장원에도 가고, 멋진 옷과 액세서리도 사고, 고급 핸드백도 장만할 것입니다. 이렇게 소비가 늘어나면 자연히 경기도 살아난다는 것이지요.

그리고 2000년대가 지나갔습니다. 그 사이에 어떤 변화가 있었을까요. 20세기의 역사와 시대정신의 핵심이 녹아들어 있는 『분노하라』의 저자 스테판 에셀은 세계화, 즉 신자유주의가 기승을 부렸다고 말합니다. 에셀은 "이미 10여 년 전부터 우리는 세계화된 사회에 살고 있습니다. 이 사회는 더 이상 개개인의 노력에 응분의 보답을 해주지 않는 사회입니다. 사람들은 모두 자신이 진정으로 원하지 않는 체계 속에 어느새 편입"되어 버렸다고 말합니다. 그는 '극빈층과 최상위 부유층 사이에 가로놓인, 점점 더 커져만 가는 격차'와 '인권 그리고 지구의 현재 상태'를 도전과제로 내놓았습니다. 그리고 2011년 6월 21일 〈경향신문〉과의 인터뷰에서는 "개인 간을 넘어선 국가 간의 빈부격차"를 세 번째 과제로 제시했습니다.

일본도 세계화의 바람이 대단했지요. 2001년부터 2006년까지 총리를 지낸 고이즈미 준이치로는 이른바 '고이즈미 개혁'을 단행했습니다. 민영화, 규제 완화, 감세 등 시장 친화적인 경제정책이 핵심입니다. 질주하던 신자유주의가 2008년에 사고를 냈다는 것을 모르는 이는 없을 것입니다.

『은퇴 대국의 빈곤 보고서』(맛있는책)의 저자 전영수는 2008년의 금융위기가 "상위 1퍼센트가 하위 99퍼센트를 쥐락펴락하며 그들의 푼돈조차 털어내려던 저질범죄"에 가까웠다고 말하네요. 그 과정에서 "고삐 풀린 자본에게 도덕은 없었고, 공동체는 없었으며, 공익은 없었습니다. 오직 탐욕과 독점, 그리고 선민의식만 있었을 뿐"이랍니다.

지금 일본 가계의 금융자산은 1,500조 엔이랍니다. 이 중 60퍼센트 이상을 노인들이 차지하고 있답니다. 그렇다면 부자 노인들은 경제성장의 과실을 누리며 유유자적의 노후생활을 하고 있을까요? 실제 연금소득만으로 금전 부담 없이 평생을 즐기는 노인인구가 적지 않지만 이는 평균치의 함정이라네요. 실제로는 한계빈곤 상황에서 기초적인 의식주조차 해결하기 힘든 노인이 훨씬 많답니다.

격차사회, 워킹푸어, 네트카페난민, 위장청부, 파견해고 등의 실상을 고발한 일본의 공영방송 NHK가 2010년 히트

시킨 것은 '무연無緣 사회'랍니다. 부자 일본의 자존심을 한 순간에 꺾어버릴 정도로 빈곤노인들의 삶은 처절했답니다. 공식 보고에 따르면, 고립공포 속에 혼자 죽어가는 무연사(고독사)만도 1년에 3만 2,000명이나 된다네요.

미쳐서 날뛰는 '망주妄走 노인', 범죄 유혹에 빠져 질주하는 '폭주暴走 노인'이 쏟아지는가 하면 필요한 노후자금은 증가세랍니다. 인생 최후의 쇼핑이라는 장례비용은 부르는 게 값이고, 개호(간병)지옥으로 불리는 노환비용은 억엔 단위를 훌쩍 넘어선답니다. 이제 노후자금 확보는 "길 없는 곳에서 길을 찾아나서야 하는 허무한 미션"이라나요.

무연사회의 후폭풍으로 '무연사 예비군'이 많아지고 있답니다. 이미 30퍼센트에 육박하고 있는 1인 가구는 2030년이면 40퍼센트 가까이 치솟을 거랍니다. 상황이 이러니 30대 가장 대부분은 본인 노후, 부모 간병, 자녀교육 등 '트릴레마(3대 인생고충)'에서 벗어날 희망과 기회조차 꿈꾸기 힘들다네요. 20~30년 후의 앞날 걱정보다는 현실 생존이 더 시급한 과제니 말입니다. 남의 일 같지 않지요.

얼마 전 정부 고위관리들이 이명박 대통령과 마주 앉아 경제를 살리기 위해 오전 9시 출근시간과 오후 6시 퇴근시간을 한 시간씩 앞당기자는 안을 내놓았답니다. 이명박 대통령은 최근 우리 사회가 총체적으로 부패했다고 질타했습니다. 제왕이 신하와 공을 다투어서는 안 된다는 것이 만고불변의 진리지만 '이라크 원전 수주'나 '아덴만 여명작전' 등에서 신하들과 공을 다퉈본 경험이 있으니 그 실태를 얼마나 잘 알고 한 이야기겠습니까? 그렇다면 우리는 공무원들이 연찬회를 빙자하며 산하단체에서 접대 받을 시간이라도 늘려 경제를 살리겠다는 '고육지책'을 충정으로 받아들여야 할까요. 공무원들이 고급 술집에서 만나 벌이는 '불륜'으로라도 경제가 살아나면 얼마나 좋겠습니까. 우리 한번 기대해봅시다.

2011. 7. 4

'사육'일랑 포기하고 '교육' 좀 합시다

한 초등학교 5학년 아이들이 소풍을 갑니다. 이 학교의 5학년은 가을에 해발 599미터의 산을 오르는 것이 전통이었습니다. 하지만 3반 아이들에게 문제가 생깁니다. 팔다리가 없는 담임선생님이 100킬로그램이나 되는 전동 휠체어를 끌고 산을 오르기가 쉽지 않았기 때문입니다. 그래서 3반의 28명 전원은 산이 아니라 근처 공원에 담임선생님과 함께 소풍을 가겠다는 계획서를 교장선생님께 제출합니다. 하지만 이 요구는 받아들여지지 않았습니다.

담임선생은 걱정이었습니다. 자신이 아이들의 소풍을 망칠까봐 소풍을 가지 말까도 생각했습니다. 어디까지나 소풍의 중심은 아이들이니까요. 하지만 선생은 아이들에게 모든 일에서 달아나지 말라고 늘 가르쳐왔으니 그건 안 될 말이었습니다. 그래서 함께 산에 오르기로 했습니다. 소풍날 산에 오를 때 3반 담임선생의 휠체어는 다른 반 선생님들이 밀어주기로 했습니다. 하지만 한 아이가 그만 물이 고인 곳을 피하려고 점프하다 다리를 삐고 맙니다. 한 선생님이 다친 아이를 업어야만 했기에 성인 남자는 한 사람만 남았습니다. 급경사를 오를 때 역시나 문제가 생겼습니다. 그러자 덩치가 큰 아이가 힘을 보탭니다. 그리고 마침내 모두가 정상에 올라 환호성을 지릅니다.

이날 아이들은 누군가가 어려움을 겪을 때 주위의 친구들이 손을 내밀어주는 것이 소중하다는 교훈을 다시 한 번 되새깁니다. 물론 평상시에도 아이들은 팔다리가 없는 선생님을 위해 우유병 뚜껑을 따준다든지 문을 열고 닫아준다든지 하는 도움은 주었습니다. 친구끼리도 늘 서로 도와 공동의 목표를 달성했습니다.

오토다케 히로타다의 첫 장편소설 『괜찮아 3반』(창해)에 나오는 이야기입니다. 오토다케가 초등학교 교사가 되어 아이들을 가르친 경험을 정리한 것이라니 실제 있었던 일일 것입니다. 오토다케는 공전의 베스트셀러 『오체불만족』의 저자입니다. 1999년에 '장애인의 날'(4월20일)을 앞두고 내한해 자신은 "지극히 초개성적인 존재일 뿐"이라 말하며 달리기, 야구, 농구, 수영 등을 즐기는 자신의 일상을 방송에서 보여주었습니다.

그가 태어났을 때 그의 어머니는 놀라거나 경악하지 않

았고, 단지 "어머, 귀여운 우리 아기…"라는 말부터 했습니다. 집안 부끄럽다고 아이를 숨기지도 과보호하지도 않았습니다. 다른 아이와 똑같이 키우며 스스로 문제를 해결하게 만들었습니다. 선생님들도 마찬가지였습니다.

오토다케는 교사로 부임하던 첫 날, 3반 아이들 28명의 이름 모두를 외워 한 사람씩 이름을 불러줌으로써 아이들 모두를 자신과 같은 '온리 원Only One'의 초개성적인 존재로 바라보고 있음을 각인시킵니다. 교사가 이렇게 마음을 열어 보이니 아이들이라고 다를까요. "우리는 모두 다르니까 정말 좋다"는 기쁨을 만끽합니다.

지금 이 나라의 교육은 어떤가요? 아이들을 비닐하우스에 가둬놓고 온실 재배를 하고 있지 않나요? 아이들 주변을 맴돌다가 아이에게 문제가 생기면 곧바로 헬리콥터를 타고 나타나 문제를 대신 해결해주는 '헬리콥터 부모'가 넘치지 않나요? 아니 교육이 아니라 '사육飼育'이라고 하네요.

『교육인가 사육인가』(김종철, 21세기북스)는 공동체를 파괴하는 교육을 일삼아 온 역대 정부의 교육정책을 잘 정리하고 있습니다. 이명박 정부는 2008년 4월 15일에 "교육수요자 중심의 패러다임 전환으로 학교 자율성을 강화"하고 "일선 학교의 자율성 강화로 다양한 서비스를 제공"하도록 한다는 이른바 '4·15 학교자율화조치'를 발표했습니다. '공교육 포기'라는 비난까지 받은 이 조치의 가장 큰 문제점은 "학생들을 극한적인 점수 경쟁으로 몰아넣음으로써 전인교육과 창의력 기르기를 포기하게 만드는 것"이라지요.

이 자율화는 과도한 입시 교육을 규제하거나 교육 비리를 막기 위한 지침들을 폐지한 것에 불과했습니다. 다시 말하면 0교시, 우열반 편성, 야간보충수업, 사설모의고사 등을 금지한 지난 시절의 지침을 없앤 것이지요. 일제고사로 줄을 세우며 경쟁에서 뒤처지는 아이들을 사실상 '포기'하는 정책을 도입하기도 했습니다.

등록금 반값 공약은 어찌되었나요. 핀란드처럼 전액 무료는 아닐지라도 치솟는 등록금을 좀 낮춰보겠다는 노력을 조금이라도 했나요. '고교 다양화 300 프로젝트'는 또 어떤가요. 자립형 사립고는 사실상 망해가고 있지 않나요. 어쨌든 이명박 정부의 교육정책은 '함께 사는 세상'이 아니라 '나 혼자만 잘 사는 세상'을 추구하도록 부채질하는 '승자독식의 교육정책'이라고 결론내리고 있네요.

최근 극한 경쟁에 내몰리던 카이스트의 학생 네 명과 한 교수가 자살한 일로 인해 사회가 시끄럽습니다. 카이스트 문제만 해결되면 될까요. 만 3세 이상 취학 전 자녀를 둔 가정의 99.8퍼센트가 사교육을 하고 있는 이 망국적인 경쟁

체제에서 '사육'당하고 있는 아이들 모두가 자살의 위기로 내몰리고 있는 것은 아닐까요. 유치원에서 대학까지 18년, 다시 석·박사의 지난한 터널을 뚫고도 '청년실업'의 늪에서 헤어나지 못하는 젊은이들은 어찌해야 할까요. 오는 20일은 장애인의 날입니다. 아이들 모두를 심리적 장애인으로 만들어 책상 틀에 묶어놓고 사육하는 교육은 이제 그만두어야 합니다. 그리고 조금씩은 부족한 아이들을 개성적인 존재로 보아주어야 합니다. 그것이 청소년 자살률 1위 국가라는 오명에서 벗어나는 첫걸음이 아닐까요.

2011. 4. 18

‘싱글’로 남을 여자의 미래, 준비하고 계신가요?

일본의 지진, 쓰나미, 원전 사태를 지켜보면서 마음이 착잡하지 않은 사람은 없을 것입니다. 이런 위기를 여러 차례 겪은 일본은 이번에도 위기를 기회로 삼을 것이 분명합니다. 하지만 무시무시한 환경 재앙은 갈수록 도를 더해가고 있습니다. 사실 이런 기상이변은 인간이 자초한 것 아닐까요. 기술의 힘으로 30년간 가꾸어온 방조제가 쓰나미 한 번으로 무너지면서 수많은 사람이 목숨을 잃었습니다.

신자유주의자들은 여전히 경제가 무한대로 성장할 것이라는 전제에서 정책을 세워 집행하고 있지만, 과연 그게 가능할까요. 환경재앙을 해결하는 비용이 천문학적으로 늘어나더라도 성장이 가능하다고 칩시다. 공장을 돌릴 석유는 언제까지 확보할 수 있을까요. 대통령까지 나서서 석유를 미리 확보하려고 안달하고 있지만 화석연료는 이미 한계에 봉착했다는 것을 모르는 이는 없을 것입니다. 그래서

원전을 세우느라고 열을 올리지만 그것이 얼마나 위험한 '물건'인지는 이번에 적나라하게 드러나지 않았나요. 과연 우리는 언제까지 성장만을 생각하며 미래의 판을 짜야 할까요.

저는 일본의 사태를 바라보면서 자연재해가 던져주는 '충고'를 받아들여 인간의 탐욕은 여기서 멈춰서야 하지 않을까, 하는 생각을 해보았습니다. 오랜 세월 멈추지 않고 성장을 추구했는데도 우리 사회는 사실상의 실업자가 인구의 절반을 넘어서고 있습니다. 그래서 나라 전체가 '보편적 복지'에 대한 논란으로 뜨겁습니다. 복지국가는 경제성장을 전제로 한 전형적인 근대체제가 맞습니다.

『아흔 개의 봄』(서해문집)은 요즘 왕성한 필력을 보이고 있는 역사학자 김기협이 쓴 3년간의 시병일기입니다. 그의 어머니인 국어학자 이남덕 선생은 2007년 6월 쓰러졌습니다. 이 선생은 『조선 역사』(조선금융조합연합회), 『역사 앞에서』(창비) 등의 저자인 김성칠 선생의 아내이기도 합니다. 김성칠 선생이 1951년에 불의의 사고로 작고하신 뒤 이 선생은 대학교수를 하며 네 명의 자식을 키웠습니다. 이 선생이 '아흔 살의 치매노인'이 되어 병원에서 튜브피딩으로 겨우 생명만을 유지하게 되자 아들은 장례 절차까지 준비하는 마음이 되었습니다. 하지만 어머니는 중환자실에서 일반 병동으로, 다시 요양원으로 차츰 옮겨가면서 이제는 찻잔을 들고 담소를 나누는 수준으로까지 회복됐습니다. 가족 중에 단 한 사람만이라도 약한 자에 대한 이타적 양보와 무조건인 사랑을 하기만 하면 어떤 고통도 감내할 수 있다는 절대적인 진리를 확인시켜 준 시병일기에 저는 매우 감동했습니다. 홀로 되신 어머님을 모시고 있는 저도 과연 저런 말년을 보낼 수 있을까, 하는 생각도 해보았습니다.

그런데 말입니다. 그 시병일기에 등장하는 병원의 간병인은 거의 모두가 중국 동포입니다. 요즘 식당에 가면 중국 동포가 넘쳐나지요. 간병인이나 식당 노동자는 저임금에 시달리지만 어느 정도의 '전문성'이 요구되는 직업입니다. 하지만 한국의 중장년 여성들은 그런 자리마저 외국인 이주자들에게 밀려나고 있습니다. 대학에서 아침 6시부터 오후 4시까지 시급 4,320원을 받으며 인간적인 대접도 받지 못하고, 고령의 저학력 여성이 택할 수 있는 마지막 직업이라는 청소하는 여성만도 30만 명이나 된답니다. 그분들의 평균연령이 57.2세라지요.

킴 기요사키가 쓴 『리치 우먼』(갤리온)에 따르면, 미국에서 1948~1964년에 태어난 여자들은 저축과 연금 부족으로 최소한 74세까지 일해야 하고, 여성이 퇴직 후에 받는 연금은 남자의 4분의 1에 불과합니다. 결혼한 사람의 50퍼센트가 이혼하고 여자 10명 중 7명은 언젠가 빈곤층으로 전락할 것으로 추정되는데, 빈곤층 노인 4명 중 3명이 여자라고 합니다. 여성의 지위가 우리보다 훨씬 높은 미국의 10년 전 조사 결과입니다.

경제협력개발기구(OECD) 국가 중 여성의 인권이 최하 수준인 우리나라는 이보다 나을까요. 자식들을 키우려고 평생을 헌신하는 바람에 저축을 전혀 하지도 못한 데다 자식들도 제 앞가림을 하기도 바빠 최하층민으로 전락하는 사람은 얼마나 될까요. 앞으로 쪽방촌에서 늙어가다가 고독사하는 노인들이 크게 늘어날 것은 불보듯 뻔하지 않나요. 2004년에 8만 9,000명이던 노인 우울증 환자가 2009년에는 14만 8,000명으로 1.7배나 증가했다는 건강보험정책연구원의 최근 통계는 여성이 남성의 2.4배나 된다는 사실까지 알려주고 있습니다.

일본의 사회학자인 우에노 지즈코는 결혼과 관계없이 여성의 83퍼센트가 '언젠간 싱글'이 될 운명에 놓인 것은 사실이며, 여자가 혼자 남겨졌을 때 돌봐줄 사람은 그 어디에도 없다며 2007년에 『혼자 맞이하는 노후』라는 대형 베스트셀러를 펴냈습니다. 이 책은 여자가 혼자가 되어서 어디에서 어떻게 살 것인지, 누구와 어떻게 사귈 것인지, 돈은 어떻게 벌고, 도움은 누구로부터 어떻게 받을 것인지, 어떻게 마지막을 맞이할 것인지에 대해 세세하게 설명하고 있습니다.

세계 최고 수준으로 고령화가 진행되는 한국은 어떨까요. 워낙 싱글이 늘어나서 그럴까요. 이 책의 한국어판 제목은 『화려한 싱글, 돌아온 싱글, 언젠간 싱글』(이덴슬리벨)입니다. 내가 많이 벌어서 세금 낸 것을 저소득층에 나눠주는 것이 보편적 복지라는 사실은 모르시지 않을 것입니다. 그런데 그런 말을 하면 '빨갱이'나 하는 말이라며 공격당하는 세상입니다. 어떠신가요. 당신은 여자의 미래 싱글, 지금 준비하고 계시나요.

2011. 3. 21

창조적 열정이 넘치던 '축의 시대'를 아십니까?

나홍진 감독의 영화 〈황해〉를 보셨나요? 사람을 정말 쉽게 죽이더군요. 그렇게 엄청난 살인이 자행된 원인은 버스회사 사장 김태원(조성하 분)이 죽어가면서 말해줍니다. "그놈이 내 여자를 건드렸어." 내연녀와 동업자가 불륜관계에 있다는 것을 알고서는 살인을 청부한 것이지요. 내친김에 잔혹 영화라는 것을 여러 편 보았습니다. 〈악마를 보았다〉 〈아저씨〉 〈이끼〉 〈의형제〉 〈김복남 살인사건의 전말〉 등 잔혹한 살인이 끝없이 이어지더군요. 저는 그런 영화를 보고 자객이 크게 활동하던 춘추전국시대를 떠올렸습니다.

공원국의 『춘추전국 이야기』 3권은 '남방의 웅략가 초 장왕'을 다루고 있습니다. 초 장왕은 '필의 싸움'에서 진나라를 물리치고 승리함으로써 패업을 완성합니다. 이 책에서는 그 전투에서 승리한 원인으로 '절영지회絶纓之會'를 꼽고 있습니다. 그걸 제 식으로 요약해보겠습니다.

장왕이 신하 100여 명과 술판을 벌였습니다. 술이 한참 올랐을 때 촛불이 꺼졌습니다. 그때 한 신하가 장왕을 모시던 미인에게 수작을 걸었습니다. 화가 난 미인은 그 자의 갓끈을 끊고서는 사실을 왕에게 고했습니다. 왕은 "오늘 과인과 술을 마시는데, 갓끈이 끊어지지 않은 이는 제대로 즐기지 않은 것으로 알겠소"라고 말해 범인을 숨겨줍니다. 이후 '필의 싸움'에서 용사 하나가 앞장서 싸워 적을 다섯 번이나 격퇴시켰습니다. 장왕이 용사를 불러 죽음도 무서워하지 않고 용맹하게 싸운 이유를 물었습니다. 그 용사의 대답은 이랬습니다. "제가 갓끈이걸랑요."

어떻습니까. 소말리아 해적들을 죽여 인질을 구출하고는 '9시 뉴스' 전체를 도배하면서 "제가 다 지시했습니다"라고 직접 자랑하는 이명박 대통령하고는 격이 다르지요. 사마천의 『사기』를 20년 동안 연구한 제 친구는 춘추전국시대에는 로맨스를 가장한 살인이 이뤄졌다면, 지금은 일단 죽여놓고 로맨스로 가장한다고 말했습니다. 과거에는 사람을 죽여도 폼 나고 명분 있게 죽이고, 죽는 사람도 죽는 이유를 알고 죽었다는 것입니다. 지금은 죽는 이유도 모른 채 수많은 사람이 죽어가고 있지만요.

하여튼 춘추전국시대와 지금은 많이 닮았습니다. '계명구도鷄鳴狗盜' 고사처럼 수많은 식객이 '닭 울음소리'나 '개

흉내'를 내는 재주만으로도 제왕의 마음을 얻으려 '유세'하는 것이나 〈슈퍼스타K〉에서 인기를 얻어 스타가 되려는 것이나 비슷하지 않습니까. 춘추전국시대에는 남을 죽여야 자신이 살아남았습니다. 그때 사람들이 죽음의 전장으로 기꺼이 나선 이유가 무엇일까요.

바로 그 시대에 종교가 탄생했습니다. 중국에서는 유교와 도교가 등장합니다. 카렌 암스트롱의 『축의 시대』(교양인)를 읽어보니 중국뿐만이 아닙니다. '축의 시대Axial Age'는 독일의 철학자 카를 야스퍼스가 『역사의 기원과 목표』(1949년)에서 제시한 문명사적 개념입니다. 야스퍼스는 동서양을 막론하고 모든 인류가 정신의 기원으로 인정할 수 있는 시대, 인류 공통의 기축基軸이 되는 시대를 '축의 시대'라고 불렀습니다. 암스트롱은 대략 기원전 900년부터 기원전 200년 사이의 시기를 '축의 시대'로 설정합니다. 이 시기에 세계 네 지역에서 인류의 정신에 자양분이 될 위대한 전통이 탄생했답니다. 유교와 도교뿐만 아니라 인도의 힌두교와 불교, 이스라엘의 유일신교, 그리스의 철학적 합리주의 같은 위대한 종교와 철학 말입니다. 그 뜨거운 창조의 시기에 붓다, 소크라테스, 공자, 예레미야, '우파니사드'의 신비주의자들, 맹자, 에우리피데스 같은 영적·철학적 천재들이 일제히 나타났습니다.

지금도 '축의 시대'만큼이나 과도한 살육이 자행되고 있습니다. 남을 죽여야 내가 사는 세상입니다. 이런 세상을 우리는 어떻게 이겨낼까요. 이태백은 '천고문인협객몽千古文人俠客夢', 즉 "자고로 문인은 협객의 꿈을 꾼다"고 노래했습니다. 요즘 문인들의 상상력이 예전만 못합니다. 그래서 영화의 상상력이 더욱 돋보입니다.

로펌에서 월급 1억 원을 받았던 사람이 감사원장이 되고자 했습니다. 법보다 권력의 힘에 의해 재판의 결과마저 뒤집을 수 있다는 욕망이 작동되지 않았다면 로펌 경영자들이 막 공직을 떠난 변호사 초보자에게 그렇게 많은 돈을 안겼겠습니까. 우리는 이제 부도덕한 정치·경제·언론 권력의 오만함에 지쳤습니다. 이런 세상에서 누군가를 손봐주고 싶은 마음에 잔혹 영화를 보며 대리만족을 느끼려는 것은 아닐까요. 물론 죽음의 문턱을 넘고 온 옆집아이에게 "미안하다. 그때 모른 척해서 미안해"라고 말하는 영화 〈아저씨〉 속의 아저씨(원빈 분)의 한마디 말에 눈물을 잔뜩 쏟아내기도 했지요.

맞습니다. 폭력으로는 결코 해결되지 않습니다. 『축의 시대』가 내린 결론은 공감이나 자비 같은 종교적 가르침('영성')이 폭력의 세계에서 자기와 세상을 구원하는 유원한 길이라는 것입니다. 올해에도 '영성'에 자신을 의탁하는 일은 늘어날 것입니다. 이미 출판시장에서 가장 잘 '팔리는' 것이 로맨스인데, 이 로맨스마저 누르고 있는 것이 영성이기도 합니다. 『목적이 이끄는 삶』(릭 워렌, 디모데)이나 『긍정의 힘』, 『무소유』(법정, 범우사)나 『화』(틱낫한, 명진출판) 비슷한 책들이 다시 등장한다면 아마도 큰 인기를 끌 것입니다. 고뇌를 공유할 '친구'조차 구하기 어려운 시대에 개인은 영적 세계의 독특함에 기대어 불안을 잊으려는 본능적 욕구를 발산할 것이니 말입니다.

2011. 1. 31

락(樂) — 책과 더불어 '놀다'

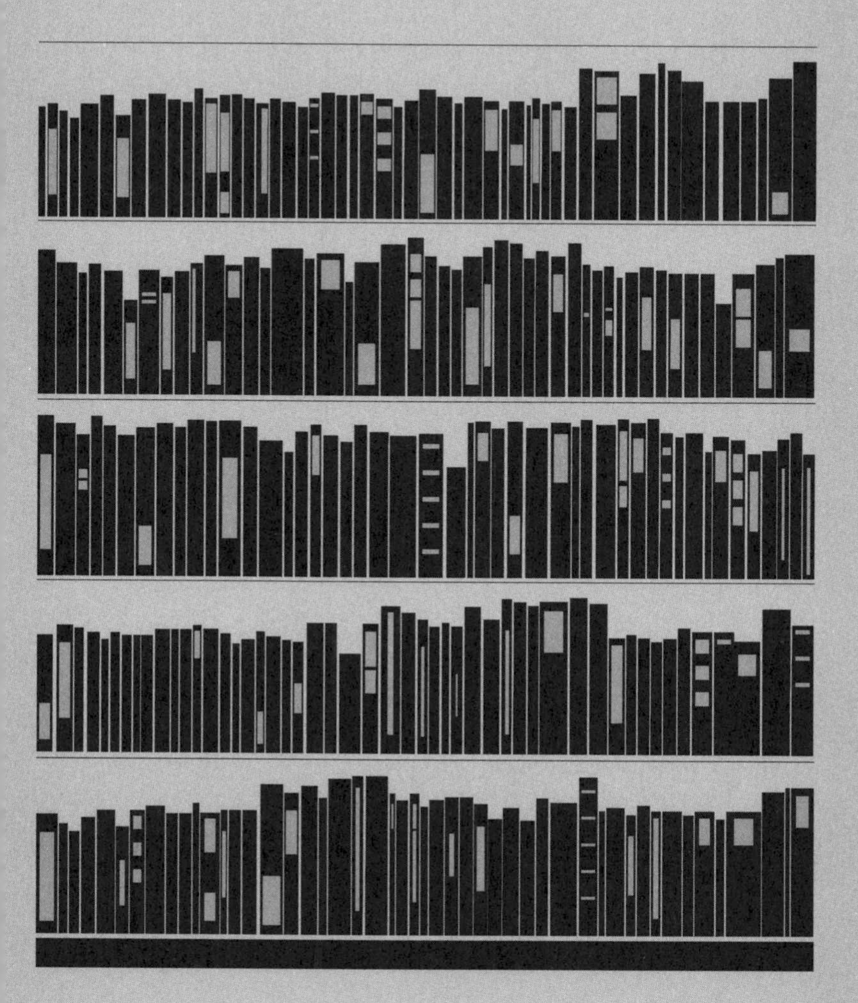

『나의 문화유산답사기』 20년 인기의 비결

디지털 기술은 인간의 기억을 컴퓨터 속에 무한대로 외재화外在化함으로써 순간적인 정보처리가 가능한 것으로 여기게 만듭니다. 그러나 이는 사실과 다릅니다. 이미 웬만한 개념어나 사물의 이름을 입력해 검색하면 너무나 많은 정보가 떠서 도저히 소화하기가 어렵습니다. 컴퓨터는 불필요한 정보를 스스로 삭제하지 못합니다. 꼭 필요한 핵심을 제외한 것을 삭제할 수 있는 능력은 유일하게 인간만이 갖고 있습니다. 그러니 물리적인 시간과 심리적인 여유가 있는 사람이 여러 차례의 시행착오를 거쳐 핵심적인 내용을 정리해 한 권의 책으로 만들어준다면 정말 좋겠지요.

그래서 미래의 책은 "바로 이 '시간'과 '여유'와 '시행착오'를 대신하는 것이 돼야만 할 것"입니다. 2001년 졸저 『디지털 시대의 책 만들기』(한국출판마케팅연구소)에서 처음 언급한 이래 저는 누누이 이 점을 강조해왔습니다. 잘게 쪼개진 하나의 주제에 대해 처음부터 끝까지 힘 있게 이야기할 수 있는 책, 풍부한 사례를 예시하되 이야기성이 강한 책이어야 독자의 사랑을 받을 수 있다고 말입니다.

유홍준 명지대 교수는 최근 『나의 문화유산답사기』 일본편 두 권을 한꺼번에 내놓았습니다. 두 권은 책을 편집하는 과정까지 포함해 불과 5개월밖에 걸리지 않았답니다. 1권은 북규슈 3박4일과 남규슈 2박3일, 2권은 아스카와 나라를 3박4일 동안 다녀온 답사여행의 보고서 형식입니다. 물론 글에는 유 교수가 평생 동안 다녀온 경험과 습득한 지식이 잘 녹아 있습니다.

아마 유 교수의 머릿속에는 일본을 여행하면서 직접 본 것이나 책에서 읽은 것들이 켜켜이 쌓였을 것입니다. 세계적인 그래픽 디자이너인 스기우라 고헤이 선생은 이것을 '중층성'(다층성, 다중성)이라고 말합니다. 눈으로 "'보는' 것은 모아쥔 손가락이 하나로 존재하는 것과 같습니다. 살아 있다는 뜻이죠. 그렇게 되면 보는 것은 듣는 것과 같으며 듣는 것은 만지는 것과 같다고 할 수 있습니다. 이는 우리가 자주 경험하는 공감각 체험으로 이어집니다."

그리고 사람이 어떤 '외부 자극' 때문에 "'깜짝 놀랄 때'에는 눈이나 귀, 손과 다리, 뇌와 내장… 그런 구별 따윈 문제가 되지 않지요. 피부로 싸인 전신이 '와!' 하고 놀랍니다.

날아오른다는 말처럼 한순간 신체는 한 덩어리가 되어 공중에 뜹니다. 부분이 아니라 전체가 '하나'가 되는 것, 이렇게 하나가 되는 순간은 온몸이 최고조에서 움직이는 한순간입니다." 여기서 '외부 자극'을 출판 기획이라 칩시다. 그런 자극이 왔을 때 유 교수는 자신의 주먹 안에 중층적으로 쌓인 것을 한순간에 펼쳐 내보였습니다. 그것이 이번에 나온 책입니다. 스기우라 선생은 "꼭 쥔 하나의 주먹, 이것이야말로 전 우주이며, 전 세계를 담은 진실한 자신"(이상 인용은 「현재 진행형 디자인」, 〈기획회의〉 168호, 2006. 1. 20)이라고 말했습니다.

2006년 일본 베스트셀러 1위인 『국가의 품격』은 경제지상주의와 글로벌화를 비판하면서 무사도정신으로 돌아가자고 역설한 책입니다. 저자인 후지와라 마사히코는 무척 '바쁜' 사람이었습니다. 출판기획자는 그에게 처음부터 책을 펴낼 목적으로 두 차례의 강연을 부탁했습니다. 이 기획자는 엄청난 베스트셀러인 『바보의 벽』도 펴낸 바 있는데 저자인 요로 다케시는 "내가 '쓴' 책은 아니지만 내가 '말한' 책은 맞다"는 취지로 서문을 썼습니다.

두 책이 700만 부나 팔리는 공전의 인기를 끌자 일본에서는 '과거에 실력 있는 편집자는 유명 저자의 화장실 문고리를 많이 잡아본 사람이었지만 지금은 저자에게 말을 잘하게 만드는 사람이다', 그러니까 편집자에게는 무엇보다 '북앵커' 능력이 필요하다는 말이 돌았습니다.

영상시대는 시청각의 시대입니다. '듣는' 행위는 '말하는' 행위와 연결됩니다. 말하는 이는 듣는 이와 대면하면서 눈높이를 맞추어야 합니다. 눈높이를 맞추기 위해서는 사람과 사물과 사건의 형태인 적절한 사례(팩트)를 잘 제시해야 합니다. 추상적이지 않은 구체적인 사례여야 이해가 쉽습니다. 구체적인 사례는 이야기를 담고 있습니다.

지금은 대중이 이야기를 필요로 하는 시대입니다. 활자문화 시대에는 만인이 우러러보게 만드는 '문체'가 중시됐지만 지금은 단숨에 상대를 설득할 수 있는 '이야기'여야 합니다. 소설이라고 다르지 않겠지요? 올해 여름에 인기를 끄는 소설도 이야기성이 강한 것 일색입니다. 트위터의 짧은 문장도 영화 한 편 이상의 이야기를 담고 있어야 대중의 마음을 단숨에 휘어잡을 수 있습니다.

『나의 문화유산답사기』 국내편 모두는 잡지에 연재한 다음 책으로 묶었습니다. 책으로 묶으면서 정교하게 다듬었기에 단단한 구성이 강점이었습니다. 잘 짜인 단편들을 묶어 놓았다고나 할까요? 7권은 여러 번의 경험을 녹여낸 복합적 구성의 이야기라 잠시 내려놓고 쉬지 않으면 심장이 터질 것 같은 기분으로 읽어야만 했습니다.

일필휘지로 단숨에 토해냈다는 일본편은 느슨한 구성의 장편소설을 읽는 것처럼 편안했습니다. 처음부터 끝까지 한 호흡으로 읽는 장점이 대단했습니다. 유 교수가 글쓰기의 여러 층위를 다양하게 보여주는 것 같지만 어쩌면 말하는 방식을 자주 바꾸고 있다고 볼 수도 있을 것입니다. 그게 20년 이상 인기를 끄는 비결이 아닐까요? 신구어新口語 시대에 말입니다.

2013. 8. 13

‘생명장난감’ 엄마

가정의 달인 5월이면 우리는 어머니를 떠올리지 않을 수 없습니다. 50대 시인 장석주는 『마흔의 서재』(한빛비즈)에서 “여든을 코앞에 두신 어머니의 세상을 꿰뚫는 지력知力과 방안에 앉아서도 천리 밖을 내다보는 경륜을 따라가려면 한참 멀었지요. 아직도 미망과 어리석음에서 벗어나지 못한 저는 어머니의 지력과 경륜에 견주면 겨우 걸음마를 뗀 수준에 불과”하다고 고백하고 있습니다.

세 딸을 둔 신달자 시인의 에세이 『엄마와 딸』(민음사)은 꿈을 반쪽도 이루지 못하고 너무 빈곤한 처지에서 35년 전에 눈을 감으신 어머니에 대한 애절한 사모곡입니다. 이제 고희에 이른 시인은 식어가는 엄마 손을 잡을 어떤 힘도 없을 정도로 자신이 가장 불행했을 때 어머님이 세상을 뜨신 것을 못내 안타까워하고 있습니다.

신 시인은 “이 세상에 엄마라는 존재의 소화력”보다 더 큰 것이 없다고 단언합니다. 슬픔과 눈물과 고통의 뼈뿐만 아니라 "천둥도 벼락도 폭풍도 폭우도 다 가슴으로 삭여 내면서 침묵하는 이 세상의 엄마들"은 "딸의 행복을 온몸으로 빌고 있는 존재"라는 것이지요. 그렇습니다. 엄마라는 존재의 무게감은 엄청납니다. 유대의 어떤 아들은 "신은 모든 곳에 있을 수 없기에 어머니를 만들었다"고 말했다네요.

신의 대리인 역할까지 하는 엄마들의 기세가 등등합니다. 한때 아이들을 키우는데 꼭 필요한 덕목으로 "아빠의 무관심, 엄마의 정보력, 할아버지의 재력"이라는 우스갯소리가 유행했었지요. 인생의 주인공이어야 할 아이들을 소품으로 밀어놓고 엄마들이 직접 피나는 전투를 벌이는 세태를 풍자한 것입니다. 엄마들은 아이들의 성적 관리에서부터 취업을 위한 스펙 쌓기, 성공적인 결혼까지 도맡아 지휘하려 듭니다. 이제는 갓 태어난 아이에게 젖을 물릴 때부터 온갖 공부를 시키기에 여념이 없습니다. 그야말로 대한민국 엄마들은 죽은 자식을 장례 치뤄주고서야 안심할 태세입니다.

이런 엄마들에 대한 반성이 없지 않습니다. 아이들이 고등학교에 진학하면 '3년상'을 치를 각오를 해야 했지만 고등학교가 특목고와 외고, 특성화고 등으로 분화된 다음부터는 진로 고민이 '중2' 시기로 내려왔다고 합니다. 오죽하면 남한에 행동 통제도 어렵고 예측하기도 어려운 '중2'가 있어서 북한이 쳐들어오지 않는다는 말이 나돌 정도여서, '중2병'은 엄마들 사이에 공포의 대상이라고 합니다.

『엄마도 힘들어』(메디치)의 저자인 문경보 문청소년교육상담연구소장은 "교실만한 공간에 돼지 삼사십 마리를 한꺼번에 집어넣고 하루에 열두 시간 이상 불안에 사로잡힌 채 살아가게 하면 그 돼지들의 성격은 어떻게 될까? 아니 그 돼지들은 생존할 수 있을까? 숨을 쉰다고 살아있다고 할 수 있을까?"라는 질문을 던집니다. 현실은 어떻습니까? 하루에 열여섯 시간 이상 형틀에 묶여 지내는 아이들도 많지 않나요.

문 소장은 "내 자녀를 흠 없는 존재로 만들고 싶다면, 먼저 어머니는 자신이 신이라는 생각을 내려놓아야 한다. 한 걸음 뒤에서 자녀가 걸어가는 길을 가만히 바라보는 시간을 가져야 한다. 그리고 부모가 자식에게 마지막으로 줄 수 있는 것은 안타까움과 눈물, 바라봄뿐이며 그렇게 부모는 부족한 존재라는 것을 인정해야 한다"는 해결책을 제시합니다. 아이들은 자식을 이끌어주는 엄마보다 늘 그 자리에서 자신을 기다려주면서 자신과 함께 꿈을 찾아갈 수 있는 엄마를 원한다는 것이지요.

『엄마는 어쩌면 그렇게』(이충걸, 예담)의 엄마가 그렇습니다. 이 감동적인 에세이는 서로에게 투정을 많이 하면서 친구처럼 지내는 50대 초반의 아들과 그의 엄마가 마치 부부처럼 살면서 벌이는 '세기의 전쟁'기입니다. 아들과 엄마는 "세상에서 가장 가까운 타인"처럼 행동합니다. 엄마를 업고 응급실에 달려가는 일이 갈수록 잦아지고 있지만 아들은 엄마를 잃어버릴지도 모른다는 속내를 드러내지 않습니다. 여전히 털게 안주를 핑계 삼아 집안에 있는 모든 알코올을 함께 해치우기도 합니다. "함께 산다는 건 도약하는 것, 개인적인 질문을 닫고 서로를 향해 묻는 것, 그것이야말로 진짜 여행"이라고 주장하는 아들은 늘 술과 일을 핑계로 늦게 귀가하곤 합니다. 그런 아들에게 엄마는 "전에는 자지 않고 너 기다렸어. 언젠가부터 불 하나만 끄고 하나는 안 끄고 너 기다렸지. 그런데 이제는 너 기다리는 거 포기하고 불 끄고 자잖아" 하고 통렬하게 대응하면서 자신은 "밤새 살짝 내렸다가 아침에 사라지는 이슬"에 불과하다고 말합니다.

"아무리 사랑해도 밥도 따로 먹고 죽을 때도 따로 죽는다. 각자의 곤경은 각자의 것. 그것이야말로 진실된 인간의 명예"라는 삶의 철학에 절로 고개가 끄덕여졌습니다.

지금 많은 이들이 '엄마의 부재'로 고통받고 있습니다. 그런 사람들은 '생명장난감' 엄마가 필요할지도 모르겠습니다. 김성진 동화 『엄마 사용법』(창비)의 주인공 현수는 아빠의 도움으로 청소, 빨래, 요리 등 집에서 필요한 모든 힘든 일을 완벽하게 대신 해주는 '생명장난감 엄마'를 구입합니다. 현수는 웃기만 해도 바로 불량품으로 수거되는 장난감 엄마를, 아들을 안아주고, 책도 읽어 주고, 사랑한다고 말해 주는 '진짜 엄마'로 만들어 갑니다. 아, 이제 엄마가 변하지 않으니 아들이라도 나서야 할 모양입니다. 그렇게라도 좋은 가정이 꾸려지면 얼마나 좋겠습니까.

2013. 4. 30

만화산업의 무한한 가능성

2002년, 동아시아 출판인들이 도쿄에서 디지털 시대의 출판 비즈니스 미래에 대해 논의하고 있었습니다. 그때 일본 쇼가쿠칸의 멀티미디어 책임자는 "지금까지는 대부분의 아시아 출판사들이 일본 출판만화를 불법 복제해 출판 자본을 형성했지만 앞으로는 그런 일이 절대 없을 것"이라고 단언했습니다. 세계가 네트워크로 연결된 이상 앞으로는 자신들이 저작권을 판매하는 것이 아니라 멀티미디어 책을 직접 판매할 것이기 때문이라는 설명이었지요.

그로부터 8년이 지난 2010년에 쇼가쿠칸은 인기 만화가인 마쓰모토 다이요의 『넘버 파이브』 애플리케이션(앱)을 29개 나라에서 동시 판매하기 시작했습니다. 1회는 무료로 볼 수 있지만 2회부터는 유료로 보는 방식이었는데 언어는 전혀 문제가 되지 않았습니다. 어느 나라에서나 휴대전화로 자동번역으로 볼 수 있었으니 말입니다. 쇼가쿠칸은 이미 부동의 업계 1위였던 고단샤를 제치고 당당히 1위에 올라섰습니다.

제가 이 사실을 알았을 때쯤 김성희, 김수박, 김홍모, 신성식, 앙꼬, 유승하 등 여섯 중견 만화가가 함께 그린 만화집 『내가 살던 용산』(보리)이 출간됐습니다. 평범한 이웃들이 그저 자신들의 억울함을 호소하려고 망루에 올랐다가 다섯 사람(경찰특공대 한 사람 포함해 여섯 사람)이나 망루에서 목숨을 잃은 지 1주년이 되는 날에 말입니다. 거센 불길 속에서 타죽은 이의 주머니 속에 있던 라이터가 터지지 않았고, 지문이 그대로 살아있는 이의 장갑도 벗기지 않고 신원을 확인하려고 부검했다는 천인공노할 사실을 그 만화를 통해 처음 알았습니다.

그해에는 '돈도 재능'인 시대에 가난한 계층 출신의 아이들이 만화가가 되기 위해 다니는 미술학원의 애환을 그린 최규석의 『울기엔 좀 애매한』(사계절)이 출간됐습니다. 만화를 그리는 기계를 만들어가는 과정이 존철살인으로 연출된 이 만화는 그해 제51회 한국출판문화상에서 만화로는 최초로 수상작으로 선정됐습니다.

저는 이 만화들을 통해 처음으로 만화라는 거대한 세상의 존재감과 만화의 무한한 가능성을 엿보기 시작했습니다. 만화의 우수한 표현력과 위대한 예술성이 무엇인지 깨닫기 시작했습니다. 글과 이미지가 상생하는 디지털 시대여서일까요? 만화에서는 소설에선 볼 수 없는 독특한 상상력을 볼 수 있었습니다. 그래서 그해 10월에는 제가 발행하는 출판전문 잡지 〈기획회의〉에 '만화, 세상의 창이 되다'라는 특집을 꾸리기도 했습니다.

제가 발행하는 다른 잡지인 〈학교도서관저널〉은 2012년 말에 『만화책 365』라는 책을 펴냈습니다. 그동안 부모들이 아이들에게 읽히려는 만화는 주로 '학습만화'였습니다. 덕분에 수천만 권이 넘게 판매된 학습만화가 꽤나 등장했습니다. 하지만 정말 오랫동안 만화는 '불량'이라는 꼬리표를 떼기 어려웠습니다. 아이들의 상상력을 키우는 만화가 적지 않음에도 늘 '출판의 서자' 취급을 받아왔습니다. 그러니까 교사와 학부모가 주도하여 아이들이 읽어도 좋을 만화를 골라준 『만화책 365』는 우리 '만화'에 붙어 있는 '불량'이라는 꼬리표를 떼어내기 위한 노력의 일환이었습니다.

한국의 만화는 여전히 '찬밥' 신세입니다. 만화가 예술로 인정받는 것이 아니라 그저 한 번 보고 버리는 책으로 인식되고 있습니다. 하지만 한국만화는 눈부시게 성장하고 있습니다. 일본과 한국의 만화시장은 하나로 통합된 것이나 마찬가지입니다. 일본의 킬러콘텐츠 만화는 출간 즉시 국내에 바로 상륙하는 시대이니 한국에서 인기를 얻는 만화는 세계적인 만화로 볼 수 있습니다.

음식과 취재와 사진이 결합한 허영만의 『식객』(김영사)은 만화산업에서 비소설 단행본 만화로 유의미한 성과를 낸 최초의 사례로 볼 수 있습니다. 2007년 『이끼』(한국데이터하우스)로 여러 만화상을 휩쓴 윤태호의 신작 『미생』(위즈덤하우스)의 성장세도 무섭습니다. 바둑 입단을 위해 7년을 허송한 주인공이 종합상사에 낙하산으로 입사해 적응해 나가는 과정을 그린 이 만화는 탁월한 '인생교과서'입니다. 『그대를 사랑합니다』『26년』(이상 재미주의) 등 생활만화의 진수를 보여주는 강풀의 만화들과 저승이라는 전통 소재를 현대 생활에 상큼하게 녹여낸 주호민의 『신과 함께』(애니북스)도 우리 만화의 녹록지 않은 실력을 보여줬습니다.

우리 사회는 이미 스마트폰 사용자가 3,000만 명을 넘어선 지 한참 지났습니다. 스마트패드도 우리 생활에 꼭 필요한 기기가 되어가고 있습니다. 이제 개인은 이들 스마트기기로 만화, 게임, 애니메이션, 음악, 영상을 결합한 앱을 맘껏 즐기고 있습니다. 이런 시대에 만화산업의 성장세는 무섭습니다. 일본에서는 전자책 전체 매출의 85퍼센트는 휴대전화로 내려받아 보는 것인데 그 중 80퍼센트 이상이 만화라는 통계가 나와 있습니다. 상황이 이러니 일본은 전자책 만화의 비즈니스 모델을 확립하여 세계를 장악할 태세를 확립해가고 있는 것 아니겠습니까.

이제 우리도 만화에 대한 생각을 근본적으로 바꿔야 할 것입니다. 만화(특히 웹툰)야말로 산업으로서 가장 가능성 있는 매체라는 인식이 절실합니다. 만화가 산업이 되기 위해서는 만화를 웹에서 무료로 볼 수 있는 매체라는 인식부터 버려야 할 것입니다. 그래야만 능력 있는 만화가들이 늘어나고 우리 만화가 세계를 주무를 수 있을 테니까요.

2013. 2. 5

'자기 고백'의 힘

여성작가 여섯 사람이 섹스를 정면으로 다뤘다는 단편소설집 『이브들의 아찔한 수다』(문학사상)를 읽어보았습니다. 빨간색 표지가 무척 자극적이었지만 내용은 "아주 은밀한 섹스 판타지"라는 도발적인 광고와는 거리가 멀었습니다.

누구나 "자기 욕망과 한계를 인정하고 내면의 소리에 귀기울여 선을 넘는" 일은 쉽지 않습니다. 특히 돈, 섹스, 권력에 대한 욕망을 가감 없이 드러낸다는 것은요.

자신이 욕망 덩어리라는 것을 인정했다가는 하루아침에 매도되기 쉬운 세상에서 검사 출신의 법학자 김두식은 욕망을 정직하게 받아들이고 인정하겠다는 결심의 결과물로 『욕망해도 괜찮아』(창비)를 내놓았습니다.

김두식은 『헌법의 풍경』(교양인)에서 직접 체험한 법조계의 어두운 현실을 용기 있게 고백한 적이 있습니다. 헌법

정신의 수호자여야 할 판사, 검사, 변호사들이 기득권층과 결합해 '불멸의 신성가족'을 만들고는 법과 시민 위에 군림하는 모습을 통렬하게 고발해 우리에게 많은 울림을 안겨 주었지요.

'나와 세상을 바꾸는 유쾌한 탈선 프로젝트'라는 부제가 달려 있는 『욕망해도 괜찮아』에서 김두식은 인간이 소통하기 위해서는 '말'과 '글'의 교감 이상으로 '살(몸)'의 교감이 중요하다고 말합니다. 소설가들이 자기 욕망을 정직하게 털어놓기 위해 소설이라는 우회로를 선택하고서도 자신의 '색(욕망)'을 털어놓기가 쉽지 않은 마당에 말입니다.

"욕망을 극복의 대상으로 생각하고 끝없이 통제하는 문화 속에서 평생을 보낸" 김두식은 우리 사회의 경계선을 넓히는 도구로 자신의 삶을 이용하겠다는 의지를 밝힙니다. 자신의 억눌린 욕망과 분노를 솔직하게 고백함으로써 작은 연대가 싹트고 나면, 험한 정글의 삶도 한결 견딜 만할 것이라는 생각에서지요.

김두식은 지금은 중산층의 터전으로 변한 성북동에서 자랐습니다. 아버지, 어머니가 교사였던 김두식은 "중산층동네와 산동네의 접경지역"에서 살았지만 "삼중당 문고를 품고 살다시피한 똑똑한 문학소년"이었습니다. 하지만 중학생 시절에 부자동네 아이들의 화사한 세계에는 도저히 들어갈 수가 없었습니다.

30년이 지난 지금, 부자 동네 출신 아이들은 신문에 자주 오르내리는 유명한 '재벌 3세'에서부터 그럭저럭 괜찮은 중소기업의 아들들이 많았습니다. 대부분 유학을 마치고 아버지 회사를 이어받았습니다. 중산층 동네 친구들은 판사, 벤처회사 연구 책임자, 성악가, 헌법연구관 등이 되었습니다. 사법시험 합격자만 셋이었습니다. 그렇지 않은 친구들은 부자 동네 아이들이 가업으로 이어받은 회사에서 부장이나 과장으로 일하고 있습니다. 그래서 김두식은 "부자동네 아이들이 앉아 있는 사장실에 결재 받으러 드나드는 걸 피하려는 무의식이 우리를 사법시험 합격으로 이끈 건 아닌가 하는 엉뚱한 생각이 들 때도" 있다고 말합니다.

산동네 출신 친구 중에는 어려운 가정형편에도 공부를 잘해서 최고로 꼽히는 대학을 졸업한 후 대기업에 취직한 친구도 있습니다. 하지만 속내를 들여다보면 졸업과 동시에 무조건 돈을 벌어야 했던 그 친구에게는 미래를 위해 투자할 돈과 시간이 전혀 없었습니다. 산동네 출신 친구들은 근본적인 출발선의 차이를 극복하기 위해 정말 많은 고생을 했습니다.

김두식은 성급한 일반화를 우려하면서도, 친구 부모님들의 소득 수준 순위가 그 자녀인 자신 세대에서도 크게 변한 것 같지는 않다고 말합니다. "평준화와 과외금지 조치로 그나마 활발한 신분변화가 일어났다는 학력고사 세대"인 자신 세대의 '계층 고착화'가 이렇게 굳어져 있는데 이후 세대는 어떨지 심각한 우려를 표명합니다.

지금은 로스쿨의 등장으로 "성적 하나만으로 사람을 평가하는 무식한 제도(사법시험)가 가졌던 투명함"마저 사라졌습니다. 고등학교도 철저하게 서열화되었습니다. 이제 서열화는 점점 내려가 머지않아 태어나는 순간부터 서열이 정해질지도 모릅니다.

하긴 그런 서열이 싫어 아이를 낳지 않는 사람들이 엄청나게 늘어나고 있지만요. 저는 김두식의 고백을 통해 검찰이 "권력의 화장지 노릇"이나 하는 원인을 유추해볼 수 있었습니다.

73세의 소설가 김주영은 『잘 가요 엄마』(문학동네)에서 새아버지의 등장으로 인한 좌절감과 수치감에서 벗어나기 위해 방황하던 어린 시절의 이야기를 솔직하게 고백하고 있습니다. 작가는 어머니의 죽음 이후에야 어머니라는 존재의 실체를 정확하게 깨닫고 "어머니에 대한 참회록"을 털어놓을 수 있었답니다. 한때 원망을 넘어 저주까지 했던 어머니와 화해하는 과정을 담담하게 서술한 이 소설의 솔직한 고백은 큰 감동을 안겨줍니다.

김려령의 장편소설 『가시고백』(비룡소)에서 18세의 주인공인 천재 도둑 민해일은 친구 허지란의 새아빠 전자수첩과 친아빠 넷북을 연이어 훔칩니다. 해일은 자신이 훔친 사실을 지란에게 고백함으로써 드디어 구원을 얻습니다.

누구나 자신의 치부를 드러내는 게 아프고 두려울 것입니다. 그러나 두려움을 떨치고 제 심장의 가시고백을 뽑아내야만 그때서야 믿어주고, 들어주고, 받아주는 연대가 이뤄지기 시작할 것입니다. 이제 우리 모두 너무 늦어 곪아터지기 전에 저마다의 '가시고백'을 뽑아내보지 않으시렵니까.

2012. 6. 20

천명관과 이응준

소설이 팔리지 않는다고 아우성입니다. 한 온라인서점 베스트셀러 목록을 살펴보니 베스트셀러 20위 안에 『은교』(박범신, 문학동네), 『헝거게임』(수잔 콜린스, 북폴리오), 『화차』 등 영화화된 원작소설 몇 편만이 순위에 들어 있네요. 성석제의 신작 장편소설 『위풍당당』(문학동네)이 포함되어 있는 것이 의외로 여겨질 정도입니다.

요즘 영화나 드라마로 만들어진 소설이 아니면 팔리지 않는다는 것이 '정설'입니다. 2000년대까지만 해도 꾸준히 '팔리는' 몇몇 대형작가가 존재했지만 미국발 금융위기가 유럽발 재정위기로 이어져 이제는 어쩔 수 없이 평생 '위기'를 끼고 살아야만 할 것 같은 2010년대에는 대형 작가들의 작품마저 '임팩트'가 강하지 않으면 곧바로 외면받는 세상이 되었습니다.

상황이 이렇게 되자 15년째 출판전문지의 발행인으로

있는 저는 소설을 살릴 수 있는 방안을 찾아보는 특집이라도 꾸려보라는 주변의 압력에 시달려야만 했습니다. 그래서 저는 책 꽤나 읽는(아니 읽어야만 목숨을 부지하는) 출판평론가들에게 소설의 새로운 상상력을 보여주는 작가가 누군지 물어보았습니다. 그런 인물을 통해 자연스럽게 소설을 살릴 수 있는 묘안을 찾아보자는 취지였지요.

그렇게 추천받은 작가가 천명관과 이응준입니다. 천명관은 『고래』, 『고령화 가족』(이상 문학동네), 『나의 삼촌 브루스 리』(예담) 등 '영화 소설 3부작'으로 잘 알려진 작가입니다. 『고래』는 훗날 '붉은 벽돌의 여왕'으로 불리게 되는 주인공인 벽돌공 춘희와 고향 산골마을에서 가출해 어촌에서 늙은 생선장수와 살림을 차린 후 키가 팔 척이 넘는 장골의 사내 걱정과 악명 높은 건달 칼자국 등을 거치며 굴곡진 삶을 살아야만 했던 그녀의 어머니인 여걸 금복에 대한 이야기입니다.

『고령화 가족』의 화자인 나(이인모)는 영화감독을 하다가 영화가 망하는 바람에 마흔여덟의 나이에 '더 이상 팔 것이 없어' 일흔이 넘은 엄마의 집으로 들어옵니다. 그 집에는 120킬로그램의 거구에다 전과 5범의 변태성욕자인 52세의 형 오한모(오함마)가 이미 둥지를 틀고 있었는데 곧이어 화려한 이혼 경력의 소유자이면서도 또다시 남편과 이

혼할 예정인 45세의 여동생 미연이 딸과 함께 합류합니다.

『나의 삼촌 브루스 리』의 주인공인 삼촌은 자기 삶의 롤 모델인 이소룡을 닮고자 했으나 결국은 액션신 단역배우인 '다찌마리'의 인생을 벗어날 수 없었던 인물입니다. 삼촌은 풍만한 가슴으로 값싼 포르노 영화와 액션 영화를 전전하는 삼류 배우 정원정을 만나자마자 그녀에게 완전히 빠져 그녀를 위해서라면 어떤 희생과 헌신도 불사하는 지극한 사랑을 보여줍니다.

천명관 소설에 등장하는 인물들은 모두 개성이 무척 강합니다. 그들은 보편적 일상 이상을 꿈꾸거나, 일상 이하에서 고통 받거나, 아무리 노력해도 '짝퉁 인생'에서 도저히 벗어날 수 없는 지질한 인생들입니다. 천명관은 이들의 삶을 기상천외한 상상력과 대단한 입담으로 그려내고 있습니다.

한편 이응준은 스스로 소설 미학과 관념을 추구하는 전형적인 '문학적 성리학자'라고 밝히고 있습니다. 그는 문학적 재능은 진즉 인정받았지만 한 인간으로서 실존적 위협을 느끼자 상업 영화에 뛰어들었습니다. 그런 그가 영화판을 경험한 이후에 자신을 부수는 용기를 갖고 쓴 것 같은 소설이 『국가의 사생활』과 『내 연애의 모든 것』(이상 민음사)입니다.

『국가의 사생활』은 대한민국이 조선민주주의인민공화국을 흡수 통일한 지 5년 뒤인 2016년 한반도를 무대로 어느 전대미문의 인민군 출신 폭력 조직 내부에서 벌어진 살인 사건을 추적하는 스릴러입니다. 청천벽력같이 찾아든 평화통일의 대혼란 속에서 공화국 군대의 무기 회수와 관리가 허술한 탓에 대한민국에는 어둠의 세력이 마구 활개를 칩니다.

『내 연애의 모든 것』은 나이 마흔 줄의 미녀 노처녀이자 진보노동당 대표 오소영 의원과 역시 마흔의 미남 노총각으로 판사 출신이자 보수여당인 새한국당의 김수영 의원이 주인공인, 정치권의 좌우대립을 소재로 한 로맨틱 코미디입니다. 정치적 이념을 달리하는 사람일지라도 인간적 이해를 통해 도달한 사랑의 힘이 사람을 얼마나 크게 바꿀 수 있는가를 해학적으로 잘 보여주고 있습니다.

캐릭터가 강한 인물들의 삶이 마치 영화 스크립트가 빠르게 넘겨지듯 재미있게 전개되는 이 소설들은 곧바로 영화나 드라마를 만들어도 될 것 같습니다. 영화적 과장이 자주 등장하지만 전혀 어색하지 않고 소설적 진화를 이룬 듯합니다. 이렇게 전통적 소설 기법의 틀을 과감히 깨버린 이들 소설은 이야기가 갖는 힘이 얼마나 대단한가를 잘 보여줍니다.

지금 인터넷과 소셜 미디어에서는 정치적 공방, 종교와 음모론, 내부고발, 성공담과 실패담 등 무수한 이야기가 범람합니다. 이야기에 대한 갈망이 대단한 대중은 이제 그런 이야기에 곧바로 환호와 비난을 동시에 보냅니다. 지난 4·11 총선 국면에서도 불법사찰, 막말, 표절, 성추행 등의 개인과 일상에 대한 '극적인' 이야기가 등장할 때마다 판세가 크게 요동쳤습니다. 이성적이고도 합리적으로 국가의 미래를 생각해볼 겨를이 없었지요. 이런 세상이니 우리는 천명관과 이응준 같은 작가가 그려내는 소설에 어떤 희망을 걸어야 하는 것은 아닐까요.

2012. 4. 17

2011년 출판 키워드 '위로'와 '공감'

2011년에도 언제나처럼 다시 묻습니다. 올 한 해 행복하셨나요. "내가 해봐서 아는데"라며 독불장군처럼 1퍼센트만을 위한 정책을 펴는 이명박 대통령 때문에 힘드셨다고요. 여당 대표라는 이는 선거에 지고도 "사실상 승리"라는 말로 우리를 분통 터지게 만들었지요. 이명박 집권 4년 동안 일자리 상황은 갈수록 악화되고, 치솟는 전셋값에 빚은 늘고, 아이 보육과 교육은 망할 대로 망해버리는 바람에 희망을 갖기 어려웠습니다.

연평균 7퍼센트 경제성장, 1인당 국민소득 4만 달러, 세계 7위 경제대국을 이룬다는 '747공약'을 내걸고 당선된 이명박 대통령은 정책보다 홍보에 목숨을 거는 모습을 보여줬습니다. '친서민 중도실용'으로 못 가진 자들의 마음을 한 번 얻었지만 '공정사회'와 '공생발전'으로 말을 바꿔가며 자신이 얼마나 서민을 위해 일하는지를 알리기에 급급했습니다.

측근 비리가 연이어 터지자 발 빠르게 "도덕적으로 완벽한 정권"이라고 자신들을 포장했습니다. 아마 많은 국민은 "도둑적으로 완벽完癖한 정권"이라는 말로 들었음이 분명합니다. 여기서 '벽'은 어떤 일에 미친다는 벽입니다. 이 말이 나온 지 얼마 되지 않아 '내곡동 사저 사건'이 터졌으니 돈을 버는 것에 천부적인 감각을 가진 것은 틀림없어 보입니다.

이같은 현실에 분노하지 않을 수 없으셨을 것입니다. 서울시장 선거에서 표로 보여주셨다고요. 맞습니다. 들끓는 민심은 출판시장에서도 그대로 드러나고 있습니다. 우리 국민이 치열한 경쟁을 통한 성공 추구를 포기하고 '나만의 행복을 추구'하기 시작한 것은 2006년입니다. 경제적 위기가 심화되기 시작한 2007년에는 일과 개인생활에서 철저하게 이기적인 성향을 띠는 '현명한 삶'을 추구했습니다. 이 해에 고용불안 시대의 비정규직 노동자를 상징하는 '88만원 세대'라는 신조어가 등장했지요. 글로벌 금융위기가 엄습한 2008년에 우리는 살아남은 자의 마지막 선택이라는 '자기치유'에 빠져들었습니다. 2010년에는 어느 누구도 자신을 도와주지 않는다는 냉혹한 현실을 깨닫고 '자기구원'을 하기에 바빴습니다.

2010년 말에 출간된 김난도의 『아프니까 청춘이다』는 우리가 겪는 고단한 현실에 대한 인문사회과학적인 분석을 가하지도 않고 현실을 이겨낼 매뉴얼도 제시하지 않습니다. 그저 세상의 아픔을 충분히 겪으면서 화가 잔뜩 나 있는 20대 청춘의 지친 어깨를 다독여주며 '위로'의 말을 건넬 뿐입니다. 스펙을 쌓으라는 협박에 지쳐 있던 젊은이들은 가르치려들지 않는 친구이자 선배 같은 멘토의 조언에 뼈저리게 '공감'했습니다. 그 덕에 이 책은 2011년 한해 150만 부나 팔렸습니다. 이 책의 열풍에서 드러나는 '위로와 공감'이야말로 올해 출판시장을 대표하는 키워드로 볼 수 있습니다.

그렇습니다. 올 한 해 멘토가 날리는 '공감의 어록'이 넘쳐났습니다. 대표주자는 안철수였습니다. 그는 단 두 번의 등장으로 서울시장 보궐선거를 종결시켜버렸습니다. 시작도 하지 않았던 '안철수당'은 당시 지지율 40퍼센트를 넘겼고, 자신의 의지와 관계없이 안철수는 가장 유력한 차기 대권주자가 되었습니다. 이로 인해 정치판은 크게 재편될 움직임을 보였고, 안철수 열풍을 분석하는 책들이 속속 출간되기도 했습니다.

안철수와 정신적 동지로 '청춘콘서트'를 함께 진행했던 '시골의사' 박경철의 『자기 혁명』(리더스북)과 딴지일보의 팟캐스트 프로그램 〈나는 꼼수다〉를 정리한 김어준의 『닥치고 정치』(푸른숲)는 가을 출판시장을 강타했습니다. 안철수와 박경철은 '청춘콘서트'를 6년 동안 진행하며 "이유 없는 슬픔, 형언할 수 없는 아픔"에 빠져 "시퍼런 절망의 칼을 가슴에 품고" 사는 이들의 자조와 체념을 정확하게 읽고는 공감할 수 있는 말을 던지기 시작했습니다.

이명박 대통령이 국가권력을 어떻게 악용해 자신과 가족, 친인척의 이익을 채우고 있는지를 적나라하게 폭로한 〈나꼼수〉는 사실과 픽션을 절묘하게 조합한 '팩션'입니다. 막말 추임새와 반말에다 조롱과 비꼼이 넘치는 이 〈나꼼수〉에 많은 이들이 포복절도하며 위로와 공감을 동시에 얻었습니다. 〈나꼼수〉가 하도 인기를 끌다 보니 여기에 등장한 이들의 책은 무조건 베스트셀러에 오르는 기염을 토하기도 했고요.

올해 가장 많이 팔린 소설은 공지영의 『도가니』입니다. 2009년 6월 출간된 이 소설은 450만 명이 넘는 관객을 모은 영화 〈도가니〉 돌풍에 힘입어 올해만 45만 부나 팔렸습니다. '도가니 돌풍'의 이면에는 사학집단의 극단적 이기주의, '불멸의 신성가족'이라는 법조집단의 야합 등이 도사리고 있습니다. 우리는 『도가니』가 폭로하는 현실에 분노하며 억압하는 자를 단죄하는 데 공감했습니다. 성장의 진정한 의

미를 묻는 『완득이』(창비)와 『마당을 나온 암탉』이 영화의 인기에 힘입어 판매부수를 늘린 것도 같은 맥락입니다.

2011년 크게 인기를 끌었던 책들이 갖는 공통점은 구어체라는 것입니다. 구어체 문장은 '이론'이 아닌 강한 임팩트를 안겨주는 '팩트(사람, 사물, 사건)'를 제시함으로써 교감이 잘 이뤄진다는 장점이 있습니다. 구술문화에서 중요한 것은 이성이나 논리가 아닌 감성과 공감입니다. 객관성보다는 얼마나 지지를 받는가가 중요합니다. '비리의 종결자'인 이명박이 여론의 지지를 얻어 대통령에 당선된 것처럼 구어체 책들은 일부 편향성이나 당파성에도 불구하고 '위로'를 안겨주고 '공감'을 얻기만 하면 인기를 끌 수 있습니다. 하지만 그 다음이 문제입니다. 우리는 언제나 위로와 공감에만 빠져 있을 수 없습니다. 그래서 내년에는 현실과 기대의 '융합'부터 이뤄내야 할 것 같습니다. 그래야 고단한 현실을 떨쳐내고 오늘보다 나은 내일을 꿈꿔볼 수 있을 것이니까요.

2011. 11. 15

한 줄 '어록'의 힘

2011년 7월 초, 아끼던 후배 출판평론가 최성일이 오랜 투병 끝에 세상을 하직했습니다. 제가 그 소식을 안 것은 7월 2일(토요일) 밤 9시를 막 넘겼을 때였습니다. 나는 트위터와 블로그, 페이스북 등에 소식을 알리고 병원으로 달려갔습니다. 다음날 문학평론가 권성우는 트위터에 "박경리 이청준 박완서. 이 분들의 글쓰기를 존중하고 경애하지만 빈소에는 들르지 않았다. 내가 아니라도 … 그러나 일면식도 없는 평론가 최성일 님의 빈소에는 기꺼이 왔다. 쓸쓸하지만 고귀한 삶과 죽음"이라는 글을 올렸습니다. 그래서인지 빈소에는 고인과 일면식도 없는 다양한 직업과 연령의 문상객들이 꽤 찾아오셨습니다.

저는 그때 소셜미디어의 힘을 절감했습니다. 최근 새롭고 지속가능한 사회를 만들겠다는 1만 명의 사람들이 트위터에 서로 글을 날리며 '희망버스'를 탔다지요. 하여튼 트위터는 속보성이 놀랍더군요. 저는 이미 "모든 이야기는 트위터로부터 시작된다"는 말까지 등장하는 마당에 종이책 기획자들은 웹에서 검색을 일상화할 뿐만 아니라 앱에서 불특정 타인과 네트워크를 맺고 상시적인 정보를 주고받는 이들의 마음을 얻기 위해 목숨을 걸지 않을 수 없다고 말해왔었지만, 이렇게 그 위력을 실감하기는 처음이었습니다.

사실 그동안 트위터의 중요성을 일깨우는 이야기는 적지 않았지요. '지잡대(지방 잡 대학)'에서 강의하며 젊은이들을 지켜본 엄기호는 『이것은 왜 청춘이 아니란 말인가』(푸른숲)에서 요즘 학생들이 탈정치화된 적이 없다고 주장합니다. 그들은 트위터를 통해 시민으로서가 아니라 게이머로서 정치에 참여한답니다. 그들은 품평을 잘 받아야 인정투쟁에서 승리하는 것이기에 트위터 안에서 자신을 '자유롭게' 표현하는 것이 아니라 '가장 잘' 표현하기 위해 고심한다고 했습니다.

그렇게 고심해 올린 한 문장은 사람을 크게 울립니다. 그렇습니다. 트위터에 올려진 글은 문자언어가 아니라 한 문장이 영화 한 편 이상의 상상을 하게 만드는 영상 이미지입니다. 휴대전화 문자로는 '1촌' 사이가 아니면 이해할 수 없는 자유로운 글을 써도 서로 이해할 수 있지만, 자신의 일거수일투족이 모두에게 노출되는 트위터에서는 자신이 말하고자 하는 것을 가능한 한 짧은 글로 '가장 잘' 표현할 수 있어야 합니다. 물론 트위터에는 140자까지, 때로는 더 길게 쓸 수도 있습니다. 하지만 그렇게 써서는 주목을 받기 어려우니 가능한 한 전보문처럼 짧으면서 할 말은 다해야 합니다.

트위터의 위력이 커질수록 여러 '어록'들이 뜨고 있습니다. 〈위대한 탄생〉에서 멘티들을 격려하는 멘토 김태원의 어록은 이미 장안에 회자됐지요. "3등은 괜찮다. 3류는 안 된다" "청춘에게 실패란 없다. 실수만이 있을 뿐이다" "긴장하는 사람은 지고, 설레는 사람은 이긴다" "1등에 너무 치중하지 마. 그 대회가 끝난 다음에 너희들의 삶이 더 중요해" 같은 김태원 어록의 힘이 너무나 강력해 김태원의 멘티들을 끝까지 살리려는 시청자들의 움직임이 프로그램을 지배했다지요.

김태원의 어록은 곧 100만 부 돌파를 앞두고 있는 『아프니까 청춘이다』의 김난도 어록과 맥락이 닿아 있습니다. "시작하는 모든 존재는 늘 아프고 불안하다. 하지만 기억하라, 그대는 눈부시게 아름답다" "기억하라. 그대가 노려야 할 것은 신인상이 아니라, 그대 삶의 주연상이다" "청춘이 정녕 힘든 이유는 부단히 쌓아야 하는 스펙 때문이 아니라, 한 치 앞을 내다볼 수 없는 미래에 대한 불안 때문이다. 보이지 않는 것은 모두 무섭게 마련이니까" 등은 힘겨운 삶을 살아가는 청춘들에게 수많은 위안을 안겨줍니다.

그뿐이 아닙니다. 『365 매일 읽는 긍정의 한 줄』(린다 피콘, 책이있는풍경)이 오랫동안 베스트셀러에 오르기도 하고, 소설가 김연수가 시와 소설에서 골라낸 문장들을 소개한 『우리가 보낸 순간』(마음산책), 자기계발전문가이자 활발한 트위터러인 공병호가 자기계발서들에 밑줄을 그으며 가슴에 새긴 말들을 모아놓은 『우문현답』과 『일취월장』(이상 해냄) 등 '한 줄의 힘'을 보여주는 책들의 출간이 늘어나고 있습니다.

『달려라 아비』와 『침이 고인다』(문학과지성사) 등 두 권의 소설집만으로 "어느 날 불쑥 한국 문학 복판에 들어앉아 버렸다"는 평가를 받았던 김애란은 이번에 첫 장편소설 『두근두근 내 인생』(창비)을 내놓았습니다. 독특한 상상력을 보여주는 이 소설이야말로 그야말로 '어록'의 집합체였습니다. "미안해하지 마. 사람이 누군가를 위해 슬퍼할 수 있다는 건 흔치 않은 일이니까. 네가 나의 슬픔이라 기쁘다, 나는." "누군가가 다른 사람을 사랑할 때, 그 사랑을 알아보는 기준이 있어요. 그건 그 사람이 도망치려 한다는 거예요. 엄마, 나는…… 엄마가 나한테서 도망치려 했다는 걸 알아서, 그 사랑이 진짜인 걸 알아요." "아버지, 나는 아버지로 태어나, 다시 나를 낳은 뒤 아버지의 마음을 알고 싶어요. 아버지가 운다. 이것은 가장 어린 부모와 가장 늙은 자식의 이야기다." 같은 소설 원문을 약간 변형한 문장들이 트위터를 넘나들며 수많은 청춘을 울리고 있습니다.

인터넷 댓글(『전차남』)과 휴대전화 문자메시지를 닮은 스몰토크smalltalk(『낭만적 밥벌이』)가 '소설'이 되더니 트위터의 단문도 뛰어난 소설이 될 수 있는 세상이 되었습니다. 그야말로 사랑이 흐르듯 소설도 흐르는가 봅니다.

2011. 7. 18

인생도처유상수

1993년 문민정부가 출범했습니다. '3당 합당'이라는 무리수까지 써가며 대통령이 된 김영삼은 거센 개혁 바람을 불러일으켰습니다. 군의 사조직인 하나회를 숙청하고 금융실명제를 실시하는 등 과거와 단절하려는 강한 의욕을 보였습니다. 이런 분위기에 진작됐는지 과거 군사정권의 비리를 폭로하는 시사 월간지들의 인기가 하늘로 치솟았습니다.

이해에 출판시장에는 우리 문화를 중시하는 민족주의 정서가 강하게 불붙기 시작했습니다. 1989년 해외여행 자유화 조치 이후 외국을 다녀온 사람들의 애국심이 커진 결과이기도 하겠지요. 어쨌든 검열 걱정 없이 마음껏 비판할 수 있다는 분위기는 문화 시장의 분위기를 완전히 바꿔놓았습니다.

소리꾼 아비가 딸을 명창으로 키우기 위해 딸의 눈을 멀게 만드는 이야기를 그린 임권택 감독의 영화 〈서편제〉는 한국 영화 사상 최초로 관람객 100만 명 돌파라는 대기록을 세웠습니다. 집계 방법이 달라서 그렇지 아마도 최초의 1,000만 영화가 아닐까 싶습니다. 이 영화의 원작소설을 담은 이청준의 소설집 『서편제』(열림원)도 덩달아 100만 부 넘게 팔렸습니다. 정조 독살설을 정면으로 다룬 이인화의 역사추리소설 『영원한 제국』(세계사)도 인기를 끌면서 곧 100만 부를 넘겨버렸습니다. 핵 민족주의를 자극하는 김진명의 『무궁화꽃이 피었습니다』(해냄)가 출간되기도 했지요.

"우리나라는 전 국토가 박물관이다"라는 주장을 담은 유홍준의 『나의 문화유산답사기』가 출간된 것도 바로 이 해였습니다. 우리가 무심코 지나쳤던 폐사지나 유배지 등에 대해 자신만의 독특한 미학을 기초로 해박한 지식과 탁월한 이야기 솜씨로 풀어낸 이 책은 이 땅의 문화 예술과 여행 문화, 그리고 우리 삶의 수준을 천지개벽 수준으로 바꿔버렸습니다. 유홍준 교수는 '문화 대통령'으로 일컬어지기도 했습니다.

이해부터 드디어 이름 없는 개인들의 자신감도 넘쳐나기 시작했습니다. 군사정권의 오랜 억압에서 풀려났다고 생각한 개인들의 솔직한 자기고백서들이 상종가를 친 것이 그

증거일 것입니다. 특히 '일'을 위해서는 '사랑' 따위는 무시해도 좋다는, 그 당시로서는 매우 '대담한' 주장을 담은 페미니즘 소설이나 에세이들의 인기는 모든 여성들의 자신감을 북돋아주는 계기가 되었습니다.

2011년 5월 '북한 문화유산답사기'를 4, 5권으로 하여 그간에 펴냈던 답사기를 모두 한 시리즈로 묶은 『나의 문화유산답사기』 시리즈 개정판 다섯 권과 신간인 6권이 한꺼번에 출간되었습니다. 6권은 경복궁, 순천 선암사, 달성 도동서원, 거창·합천, 부여·논산·보령 등을 다루고 있습니다. 처음 글이 쓰일 때부터 계산하면 20년이나 지나 새로 시작하는 것이 멋쩍었던지 유 교수는 '시즌2'라고 이름 붙였네요. 하지만 저는 읽지 않아도 이미 읽은 것 같은 기시감 때문에 책 읽는 것을 미뤄두고 있었습니다. 저 같은 평론가는 새 것만 주로 찾지 이미 익숙한 것에는 관심이 가지 않는 법이니까요.

하지만 주변에서 자꾸 이 책에 대한 의견을 물어왔습니다. 그래서 읽지 않을 수 없었습니다. 새벽에 일어나 책을 읽으면서 저자의 지식과 정보가 보다 방대해지고 다양한 사람을 만난 경험 때문인지 글의 깊이가 매우 원숙해졌다는 것을 알 수 있었습니다. 문화재청장을 지내면서 전국을 고루 배려하는 정책을 펼치기 위해 조사한 결과까지 반영해 전국의 숲이나 길, 담, 절 등에서 중요한 곳을 비교해가며 알려주는 대목에서는 깊은 안목에 압도당하지 않을 수 없었습니다.

그는 아마도 자신이 꿈꾸던 것을 현실에서 실현하기 위해 공직에 진출했을 것입니다. 그래서 이룬 것도 있고, 이루지 못한 것도 적지 않을 것입니다. 그는 비록 왜곡되기는 했어도 서울의 심장이랄 수 있는 광화문 광장이 조성된 것에 감개무량해하고 있습니다. "광장은 도시의 심장이고, 거리는 동맥이며, 골목길은 실핏줄"로 보고 있는 그는 전국의 돌담길 중에서 아름다운 곳들을 등록문화재로 지정하기도 했답니다.

그런 일을 한 그가 모든 나라의 왕궁 앞에 있는 한 나라를 상징하는 광장을 "근대 시민사회의 상징적 공간이며 왕궁 앞 광장은 과거와 현재를 잇는 역사적 공간"으로 규정하고 있습니다. 광화문 광장의 한심한 모습에 그 의미를 외면하고 있던 저로서는 죽비로 등짝을 세게 두들겨 맞은 것 같은 충격을 받지 않을 수 없었습니다.

하지만 '시즌2'의 압권은 아마도 저자가 인간을 대하는 자세일 것입니다. 40대에 썼던 그의 글에서는 모르는 이를 가르쳐주겠다는 의욕 과잉이 때로는 사람의 마음을 불편하게 만들기도 했지만 이제 환갑을 넘긴 저자가 쓴 글에서는 인생의 길목에서 만나는 사람들에게 하나라도 배우겠다는 자세가 역력합니다. 억수같이 비가 쏟아지는 날 경복궁 근정전 앞마당의 박석 이음새를 따라 빗물이 제 길을 찾아가는 아름다움을 알려준 경복궁 관리소장의 예를 들며 그는 '인생도처유상수人生到處有上手'를 말합니다. 그는 이 책에서 이처럼 인생 도처에서 고수(상수)를 만난 경험을 자주 털어놓습니다.

한 시대는 한 권의 명저를 낳고, 그 책은 한 사람의 운명뿐만 아니라 한 사회의 운명도 바꿉니다. 20년 넘게 우리 문화유산에 대한 성찰을 일깨우는『나의 문화유산답사기』야말로 바로 그런 책이라 할 것입니다. 인간을 대하는 깨달음까지 덤으로 얻을 수 있으니 이만한 공덕을 안겨주는 책은 아마 없지 싶습니다. 어떻습니까? 우리 장대비가 쏟아지는 날 근정전 앞에서 이 책 들고 한번 만나보지 않으시렵니까?

2011. 5. 30

'심야 치유 식당'에 가보셨나요?

『심야 치유 식당』(하지현, 푸른숲)에 가보셨나요. 대학가 뒷골목 지하에 위치한 작은 카페인 그 식당에는 불면증, 음식중독, 발기부전, 징크스, 공황장애, 우울증, 직장인 사춘기에 걸린 사람들이 찾아옵니다. 마음이 춥고 배고픈 그들이 전직 정신과 의사인 식당 주인과 술잔을 나눠가며 자신들의 병을 고쳐 나갑니다. 하소연할 이모나 고모, 삼촌, 그도 아니면 부모나 친구도 떠오르지 않을 때 혼자 술을 마시며 고통을 달래려고 외진 곳에 위치한 이 식당을 찾게 된 것이지요.

그렇습니다. 이 식당은 저자가 설정한 가상의 병원입니다. 그곳에 상주하다시피 하는 단골들과 주인, 그리고 새로운 손님들은 모두가 세상을 정말 열심히 살아온 사람들입니다. 하지만 그들은 모두 심각한 정신병을 앓고 있습니다. 병원에서 틀에 박힌 처방전만 받고서 당황했던 이들도 이

식당에서는 함께 술잔을 기울이며 인간적으로 문제를 하나하나 해결해나갑니다.

요즘 심리학책이 유행입니다. 2000년대 중반만 해도 역사서와 심리서가 인문서 시장을 선도했지만 지금은 심리학책들이 독주하고 있습니다. 아, 물론 마이클 샌델의 『정의란 무엇인가』가 100만 부 팔리고, 인문학 서적을 읽어야 한다는 분위기가 고조되면서 철학서가 대형서점의 알토란 같은 자리를 차지하기 시작하고, 관계사를 중시하는 역사서들이 다시 기지개를 켜고 있기는 하지만 말입니다.

국내에서 심리학 관련 글을 처음 쓴 이는 청량리 뇌병원을 설립한 최신해 박사로 알려져 있습니다. 최 박사는 정신분석학적 입장에서 인간의 무의식과 정신적 고뇌와 갈등, 현대인의 문명에 따른 병적인 노이로제 등을 조명하는 글을 썼습니다. 최 박사가 1963년에 펴낸 『문고판 인생』(정음사)은 1970년대 내내 산업화의 그늘에 시달리던 독자의 사랑을 받았지요.

1980년 12월부터 컬러텔레비전 방영을 시행한 5공 정부는 1982년에는 통행금지를 해제하고 교복 자유화 조치를 시행합니다. 그리고 컬러화 시대에 적당한 콘텐츠로 1982년 프로야구, 1983년 프로축구와 천하장사 씨름대회를 출범시킵니다. 컬러텔레비전의 화려한 영상과 포르노테이프의 현란함에 넋을 놓는 사이에 이시형 박사가 등장합니다. 미남 정신과 의사였던 그가 컬러풀한 옷을 입고 텔레비전에 출연해, 남을 지나치게 의식하는 소극적 성격의 한국인에게 "우리도 이제 기를 좀 펴고 자신 있게 살자. 그렇게 살다보면 남에게 신세를 질 수 있고 도움을 줄 수 있다"고 권유하자 사람들은 열광하기 시작했지요.

이시형 박사의 『배짱으로 삽시다』(집현전)는 1980년대 초반의 출판시장을 강타합니다. 때마침 '배짱의 화신'인 큰손 장영자가 나타나 50대 남자들의 욕망을 크게 자극하는 바람에 이 책이 대대적으로 팔리면서 대중은 산업시대에 걸맞은 인간형으로 개조할 움직임을 보입니다. 여성용 『배짱으로 삽시다』인 『자신있게 사는 여성』(집현전)까지 내놓은 이 박사는 1980년대 내내 독보적 존재로 군림했습니다.

1990년대에는 『나는 다만 하고 싶지 않은 일을 하지 않을 뿐이다』(새길)의 김정일, 『때론 나도 미치고 싶다』(문학사상사)의 이나미, 『표현하는 여자가 아름답다』(명진출판)의 양창순 등 심리학 에세이 트로이카가 맹활약했습니다. 김정일 책 광고의 헤드카피는 "No 할 줄 아는 여자가 아름답다"였지요. 그의 두 번째 책 『어떻게 태어난 인생인데』(푸른숲)의 광고 카피는 "사랑도 섹스도 성공도 다 좋다. 그러나!"였습니다. 양창순의 책 제목은 '진정한 섹스어필은 삶의 열정이다'가 될 뻔했다고 합니다. 이들의 주장은 글로벌화와 정보화로 행동반경이 무한대로 넓혀지고 있음에도 마음이 지난 시대의 이념이나 집단의 굴레에서 벗어나지 못하는 20·30대 여성들을 질타했습니다.

외환위기를 겪은 직후인 2000년대 초반의 심리학책들은 자기계발서 역할을 했습니다. 로버트 치알디니의 『설득의 심리학』, 파트릭 르무안의 『유혹의 심리학』(북폴리오), 카트린 방세의 『욕망의 심리학』(북폴리오) 등 외국에서 들여온 심리학책들은 타인을 이해하고 설득할 수 있는 원칙들을 알려주었습니다. 성공한 사람들의 설득 전략들은 모두 상호성, 일관성, 사회적 증거, 호감·권위, 희귀성 등 여섯 범주로 규정할 수 있다는 것을 밝혀낸 『설득의 심리학』은 밀리언셀러의 반열에 올랐지요. 성공을 꿈꾸는 사람들이 이 책들을 정말 열심히 읽었습니다.

이제 심리학책들은 더 이상 적극적인 '의지'를 촉구하지 않습니다. 치유, 욕망, 관계, 응원 등을 이야기할 뿐입니다. 자살하지 않고 단지 살아남아 주기를 간절히 기원하는 책도 점차 늘어납니다. 저자의 직업도 다양해지고 있습니다. 물론 『서른 살이 심리학에게 묻다』(갤리온)의 김혜남이나 하지현처럼 오랫동안 정신과 전문의로 일한 분들이 인기를 끌고 있지만요. 『천개의 공감』(한겨레출판) 등 심리 치유 에

세이를 쓴 소설가 김형경은 심리 치유 소설도 썼습니다. 『심야 치유 식당』도 소설이나 다름없어 보입니다.

최근의 심리학책들은 국가와 사회, 가족, 직장의 휘장으로부터 쫓겨 나와 허허벌판에 벌거벗고 홀로 선 사람들이 너무나 다양한 정신질환에 시달리고 있는 상황을 고려하다 보니 주제와 독자 대상을 갈수록 세분화하고 있습니다. 『아프니까 청춘이다』라고 외치는 책에 수많은 청춘이 위안받고 있기도 하지요. 어떠신가요? 오늘밤 저와 함께 『심야 치유 식당』에서 술 한잔 나눠 보시겠습니까?

2011. 5. 2

창(創)—책, 상상력의 세계를 '펼치다'

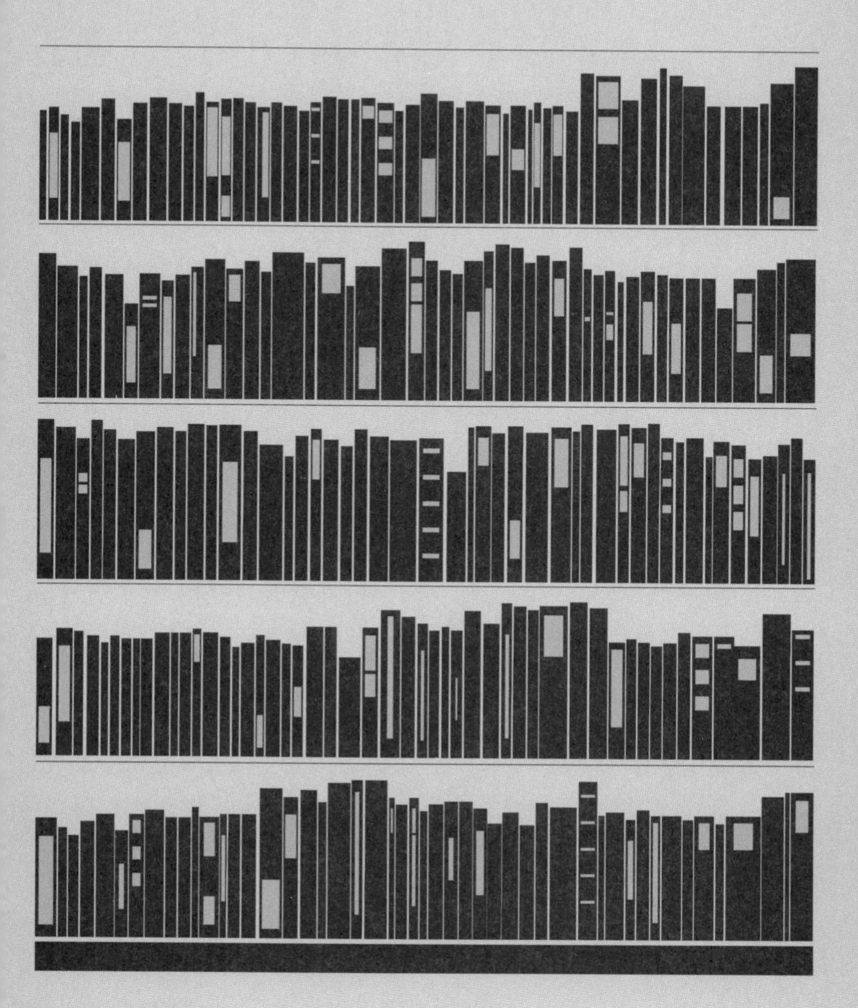

'정료지광庭燎之光'의 지혜

대학 선배인 한 고등학교 교사를 30년 만에 만났습니다. 도덕 교사인 그는 이제 퇴직해야 할 것 같다고 말하더군요. 2011년부터 초·중·고교에 적용된, 사회 과목 수업 등을 특정 학기 또는 학년에 몰아서 집중적으로 학습할 수 있는 '집중이수제'로 말미암아 도덕 과목의 시간이 갈수록 줄어들고 있답니다. 정년을 몇 년 앞둔 나이에 이 학교 저 학교 떠돌아다니며 수업을 해가면서까지 버티고 싶지 않다는군요.

그는 2006년부터 초·중·고교에서 정규 교육과정 이외의 시간에 다양한 형태의 프로그램으로 운영하는 교육체제인 '방과후학교'도 비판했습니다. 방과후학교가 사교육비를 경감하고 양극화에 따른 교육격차를 완화하겠다는 취지대로 운영된 것은 첫해뿐이었답니다. 다음해부터는 영어와 수학 등 주요 과목의 보충수업으로 변질되었답니다. 그는 대학 진학을 위해 영어, 수학의 시간을 늘리는 것

자체는 이해할 수 있지만 적어도 서양철학의 중요한 사상가나 한국사상의 주요 개념 정도는 알아야 하는 것 아니냐고 개탄했습니다. 예술 과목 또한 천덕꾸러기로 전락했다더군요. 이같은 정책이야말로 탁상행정의 본보기이지만 바뀔 것 같지는 않다고 했습니다.

선배의 이야기를 듣는 동안 제 머릿속에는 최근 출판시장의 '소프트 인문학' 붐이 떠올랐습니다. 『지금 시작하는 인문학』은 6개월 만에 10만 부 이상 팔리는 기염을 토했습니다. 저자인 주현성 씨는 평범한 출판기획자입니다. 그가 심리학·회화·신화·역사·철학·글로벌 이슈 등 인문학 전반에 걸쳐 각 분야의 큰 줄기를 잡아 그 흐름을 한눈에 볼 수 있도록 요약 정리한 이 책은 전문가적 식견보다는 편집적 안목이 돋보이는 책입니다. 이제 'CEO 인문학' '청소년 인문학' '어린이 인문학' '부모 인문학' 등 인문학 독자의 대상은 전 세대로 확산되고 있으며, 사진·미술관·돈·숲·일상 등 인문학이라는 단어가 붙는 책의 영역도 확산되고 있습니다.

요즘 백화점 문화센터에서 인문학 강좌를 듣는 사람의 90퍼센트가 주부랍니다. 지금의 인문학 붐은 여성·지방대 출신·백수·노숙인·저소득자 등 상대적으로 열악한 처지에 놓인 시민들에게 힘입은 바가 큰데, 이 열풍을 가장 열

성적으로 주도하는 '공부하는 주부'를 줄인 '공주'가 뜨고 있다고 말한다는군요. 인문학 붐은 고전 열풍과도 맥이 닿아 있습니다. 영화 개봉에 힘입어 스콧 피츠제럴드의 『위대한 개츠비』 번역본 여러 권이 일제히 베스트셀러에 올랐습니다. 세상 사람 모두가 부와 지위에 집착하는 신기루 같은 세상에서 과거의 사랑을 되찾으려다 배신당해 비극적 운명을 맞이한 개츠비의 삶을 그리고 있습니다. 조카를 위해 빵 한 조각을 훔쳤다는 이유로 5년의 징역형을 받고 탈옥을 시도하다 다시 14년의 형을 더 받은 장발장이 등장하는 『레 미제라블』(빅토르 위고)과 사랑 없는 결혼생활을 이어나가던 안나가 안정적이고 풍족한 삶을 던지고 젊은 장교 브론스키와 격렬한 사랑에 빠지는 『안나 카레니나』(톨스토이)의 인기를 이어받은 것이지요. 세 소설의 캐릭터가 강한 주인공들은 자본이 지배하는 시대를 살아가는 인간의 격렬한 욕망을 일깨워주고 있습니다.

지난 5년 동안 출판시장에는 '셀프힐링' 바람이 거세게 일었습니다. 오죽하면 출판시장의 유일한 트렌드가 '셀프힐링'이었다고 말했을까요. 셀프힐링의 대표적 사례가 '버킷리스트' 실천하기였습니다. 하지만 인간이 아무리 힘들어도 죽기 전에 꼭 해보고 싶었던 일에만 집착할 수는 없지 않나요? 산목숨들이 하기 싫은 일도 억지로 하면서 어떻게

든 일어서려는 움직임이 기지개를 켜기 시작했습니다. '스탠딩'이라고나 해야 할까요!

스탠딩하려는 사람들에게 가장 중요한 것이 무엇일까요? 문학·역사·철학 등 인간을 이해하기 위한 '기반지식'인 인문학은 삶의 길을 터줍니다. 하지만 대학 진학을 위한 정거장으로 전락한 고등학교나 취업을 위한 스펙 쌓기의 정거장으로 추락한 대학에서는 이런 인문학이 소외된 지 오래입니다. 그렇지만 이제 세파에 지친 밑바닥 인생들이 스탠딩하려다보니 인문학 붐이 점차 거세지고 있는 것은 아닐까요.

2011년 말 한 언론사의 정치부장은 『운명』(가교출판)을 썼다는 문재인의 서재에 초청받아 가보았는데 신간은 거의 보이지 않고 1970~1980년대의 책만 가득 차 있어서 깜짝 놀랐다고 했습니다. 저는 대통령 선거 국면에서 그 사실이 표면에 드러날 것으로 보였습니다. 그러나 그런 일은 벌어지지 않더군요. 박근혜 후보의 집에는 아예 서재 자체가 없다는 사실만이 잠시 알려지기는 했지만요.

박근혜 대통령은 5월 15일 언론사 정치부장들과 만난 자리에서 이른바 '윤창중 스캔들'과 관련해 "열 길 물속은 알아도 한 길 사람 속은 모른다"는 말을 환기시키며 마치 자신이 피해자인 것처럼 말씀하셨습니다. 인재도 인연을 만나야 그 재능을 마음껏 발휘할 수 있다 했습니다. 사마천의 『사기』에 등장하는 제나라 환공처럼 밤새 불 밝혀놓고 인재가 찾아오기를 기다리는 '정료지광庭燎之光'의 지혜를 박 대통령에게도 기대해보고 싶습니다. 그 전에 젊은이와 이 나라의 미래를 위해 학교에서 기반지식을 제대로 가르칠 수 있는 환경을 조성해주신다면 더 이상 여한이 없겠습니다.

2013. 5. 21

한국의 그림책 작가들

요즘 그림책을 읽으시는지요. 오십대 중반인 저는 올해 팔순이신 어머님과 자주 그림책을 펼칩니다. 치매 예방에 좋다고 하는 그림책이 글과 그림의 화학적인 결합을 통해 깊은 감동을 안겨주기 때문입니다. 언제나 느끼는 일이지만 수준 높은 그림책은 펼칠 때마다 늘 색다른 감동을 줍니다. 약 10여 년 전의 어느 토요일, 저는 붐비는 일본의 대형서점에서 그림책을 넘겨보다가 발랑 넘어져 있는 고슴도치를 모든 동물들이 둘러서서 "쟤! 왜 저래!"라며 놀라는 표정으로 내려다보는 압도적인 장면에 감탄한 적이 있습니다. 제목마저 잊어버린 그 그림책을 저는 다음 날 호텔의 텔레비전 화면에서 다시 볼 수 있었습니다. 여러 동물의 모습을 이리저리 비춰주었지만 전날의 감동은 전혀 느껴지지 않았습니다.

아날로그 그림책은 디지털 시대에 더욱 빛나 보입니다.

펼침면에다 그려놓은 임팩트가 강한 그림을 보다 보면 누구나 다음이 궁금해져 자연스럽게 책장을 넘기게 되지요. 특히 글을 읽을 줄 모르는 유아들은 그림만으로도 환상이나 상상에 젖어들곤 합니다. 그래서 2차원의 평면 그림이 정교한 편집을 통해 하나의 책으로 묶여지면 4차원의 공간으로 거듭난다고 말합니다. 이런 장점을 영상 화면은 도저히 따라할 수 없습니다. 그래서일까요? 일본 출판계가 그림책은 전자책으로 만들지 않기로 암묵적 합의를 했다는 이야기도 들려옵니다.

작가의 역량에 크게 의지하는 문학작품과 달리 그림책은 글과 그림 작가의 예술적 감각뿐만 아니라 편집자의 연출력, 출판사의 마인드 등이 잘 녹아들어야 우수한 그림책이 탄생합니다. 그래서 얇은 그림책 한 권을 몇 년에 걸쳐 만드는 경우가 많습니다.

저는 최근 출간된 『그림책, 한국의 작가들』(시공주니어)을 읽으면서 그 사실을 다시 확인했습니다. 아동문학평론가 김지은, 동화작가 이상희, 문화부 기자 최현미, 출판칼럼니스트 한미화 등 네 사람이 한국의 대표적 그림책 작가 29명을 소개한 이 책은 우리 그림책 작가를 제대로 조명한 최초의 책입니다.

우리 창작그림책으로 최초로 밀리언셀러가 된 『강아지

똥』(권정생 글, 정승각 그림, 길벗어린이)이 출간된 것은 1996년이었습니다. 돌담 골목길에 강아지가 눈 똥이 봄비를 맞고 땅속으로 스며들어 노랗고 환한 민들레꽃을 피우는 거름이 된다는 내용을 담은 이 책은 우리 그림책의 고전으로 손꼽힙니다. 지금도 꾸준히 팔리고 있는 이 그림책은 왕자나 공주 이야기가 판을 치던 교실의 분위기를 혁명적으로 바꿔놓았습니다.

그 즈음에 주옥같은 그림책이 대거 탄생했습니다. 거대담론이 지고 "일상, 문화, 환경, 생태, 여성, 소수자와 대안적 삶에 대한 관심이 폭발"하던 문제적 시절에 김재홍, 김환영, 권윤덕, 이억배, 이영경, 이태수, 이호백 등은 저마다의 강점을 보여주는 그림책을 선보이기 시작했습니다. 이 땅에서 본격 그림책 시대를 연 이들의 작품은 해외에서도 좋은 평가를 받기 시작했습니다.

그로부터 20여 년이 지났습니다. 세계 어느 나라보다 압축적 성장을 일궈낸 한국 그림책을 이제 세계가 주목하기 시작했습니다. 그림책 문화의 절정기를 지나 완숙기에 접어든 영미권이나 일본의 그림책은 열정이나 역동성을 잃었지만, 우리 젊은 작가들의 생동감과 빛나는 상상력을 담은 그림책은 해마다 세계적인 그림책상을 수상하고 있습니다.

지금 세계를 무대로 맹활약하고 있는 그림책 작가들은 성장기인 1990년대에 국내외의 좋은 그림책을 맘껏 읽으며 성장한 사람들입니다. 그때 경험한 글과 이미지의 '조화로운 공명'을 잊지 못하고 그림책의 세계로 뛰어든 세대입니다. 이들은 자라나는 세대에게 어떤 책을 읽히는가가 얼마나 중요한지를 작품으로 증명해주고 있습니다.

글로벌한 감수성을 지닌 대형작가들이 속속 등장하고 있습니다. "소재와 틀거리는 분명 전통에서 가져왔지만 결과물은 더할 나위 없이 풍자적이고 도발적인 이상한 나라의 그림책"인 『망태 할아버지가 온다』(시공주니어)와 『피노키오는 왜 엄펑소니를 꿀꺽했을까?』(사계절)의 박연철, "가족 간의 사랑을 담은 따뜻한 이야기를 반입체 인형과 소품들을 통해 아기자기하게 표현"한 『구름빵』(한솔수북)과 『장수탕 선녀님』(책읽는곰)의 백희나, "시간이 흐를수록 더 넓어지고 더 유쾌"해지는 환상 세계를 보여주는 '현실과 환상 경계 그림책 3부작'인 『거울 속으로』 『파도야 놀자』 『그림자 놀이』(이상 비룡소)의 이수지 등은 이미 세계가 주목하는 작가가 되었습니다.

저는 『그림책, 한국의 작가들』을 읽으면서 새로운 꿈을 떠올렸습니다. 이 책에서 소개한 작가들을 각기 한 권의 책으로 소개하는 날이 빨리 왔으면 좋겠습니다. 우리 작가는 누가 키워야 할까요? 바로 우리가 키워야 하는 것이 아닌가요? 우리 시장에서 인정받은 책이어야 세계에서도 인정받을 수 있습니다. 그래서 좋은 책이 팔리지 않는 한국의 유통 현실이 너무 안타깝습니다. 과도한 할인경쟁을 벌이면서 무조건 싸게 공급된 책만이 서점의 서가를 압도하는 대형서점에 우리 출판기획자들은 심장이 멈춰질까봐 도저히 가볼 수가 없다고 말합니다.

그래서일까요. 시민단체들이 좋은 책을 골라 소개하는 데 열을 올리고, 좋은 책만을 판매하는 어린이책 전문서점이 방방곡곡에 들어서고, 교사와 학부모가 아이들에게 좋은 책을 읽히려는 열의가 넘쳐나 수준 높은 작가들이 속속 등장하던 1990년대 후반이 책을 읽는 내내 너무나 그리워졌습니다.

2013. 2. 26

소설적 상상력의 위기

국제통화기금(IMF) 외환위기 직후인 1998년 이후 우리 사회는 5년을 주기로 위기를 맞이했습니다. 2003년의 카드대란, 2008년의 글로벌 금융위기가 그렇습니다. 그러니까 이명박 정권의 온갖 파행이 드디어 끝나는 2013년은 위기가 올 가능성이 매우 높은 해입니다. 그런데 위기 때마다 소설적 상상력이 대중의 심리를 예리하게 파고들었습니다.

1998년에는 판타지 소설 붐이 엄청났습니다. 총 누적 판매량 1,000만 부의 신화를 이룬 이우혁의 『퇴마록』과 한국형 판타지의 원조로 꼽히는 이영도의 『드래곤 라자』가 등장한 것을 필두로 김예리의 『용의 신전』(자음과모음), 이수영의 『귀환병 이야기』(황금가지) 등이 줄줄이 등장해 사상 초유의 국가 환란에 넋이 나간 젊은 세대의 관심을 압도했습니다.

이해에는 영화 원작을 소설화한 영상 소설들이 크게 인

기를 끌었고, 만화를 활용한 독특한 에세이인 박광수의 『광수생각』(소담출판사), 김어준의 풍자·패러디 『딴지일보』(자작나무) 등 새로운 발상의 책들이 독자의 관심을 끌었습니다.

인터넷 공간에서 30만 명 이상의 팬을 몰고 다닐 정도로 인기를 끌었던 귀여니가 10대만의 발칙함이 여과 없이 드러난 인터넷 소설 『그놈은 멋있었다』를 들고 나타난 것은 카드대란이 벌어졌던 2003년입니다. 주례사 비평과 과다 광고로 겨우 명맥을 이어가던 이른바 본격문학은 현실적 대응력을 잃고 휘청거렸지만 인터넷 소설은 10대 문화를 읽을 수 있는 하나의 코드로 작용했습니다. 계몽성이나 교훈성에 집착하지 않고 새로운 감성과 이미지를 들고 나타난 『늑대의 유혹』 『도레미파솔라시도』(이상 귀여니, 이상 황매), 『테디보이』(은반지, 늘푸른소나무), 『내 사랑 싸가지』(이햇님, DH미디어) 등이 줄줄이 등장해 2003년 상반기를 주도했습니다.

그해에 포털에는 인터넷 소설 관련 카페가 100개 이상, 인터넷에 글을 올리는 아마추어 작가만 수천 명이 넘었습니다. 또 『파페포포 메모리즈』, 『포엠툰』(정헌재, 청하), 『마린 블루스』(정철연, 학산문화사) 등의 인터넷 기반의 카툰에세이가 큰 흐름을 이루는 등 전체적으로 인터넷을 통한 기획물이 크게 증가했습니다. 하지만 마구잡이 출판으로 인해 인터넷 소설은 가을에 접어들면서 하향세를 면치 못했습니다. 이렇게 판타지 소설이나 인터넷 소설, 카툰 에세이는 새로운 감성을 발산하기는 했지만 깊은 감동으로 이어지지 못했기에 책으로는 새로운 문화 흐름을 크게 이어가지는 못했습니다.

글로벌 금융위기가 강타한 2008년 말에는 신경숙의 『엄마를 부탁해』가 혜성같이 등장해 불황에는 역시 소설을 읽는다는 것을 다시 한 번 확인해주었습니다. 위기의 시대에는 과거를 회상하는 것을 즐긴다지요. 그해에는 공지영의 『즐거운 나의 집』(푸른숲), 황석영의 『개밥바라기별』, 김려령의 『완득이』, 할레드 호세이니의 『연을 쫓는 아이』(열림원), 팀 보울러의 『리버 보이』(다산책방) 등 성장소설이 소설 시장을 완전히 휩쓸다시피 했습니다.

2008년에는 작가들이 인터넷 포털에 연재했던 소설들이 인기를 끌기 시작했습니다. 황석영의 『개밥바라기별』과 박범신의 『촐라체』(푸른숲)가 화제를 끌면서 공지영, 신경숙, 은희경, 김훈, 박민규, 이기호, 정이현 등 이름만 대면 알 만한 유명 작가들이 일제히 인터넷 포털이나 온라인 서점에 소설을 연재하기 시작했습니다.

2008년은 자기치유(셀프힐링) 열풍이 시작된 해이기도 합니다. 그해 이후 지금까지 이 땅에는 자기치유 열풍이 이어지고 있습니다. 올해에는 스님들이 쓴 책들이 출판시장을 휩쓸어버렸습니다. 베스트셀러 1위를 독주한 혜민 스님의 『멈추면, 비로소 보이는 것들』은 130만 부나 판매됐고, 『스님의 주례사』(휴)를 비롯한 법륜 스님의 책들도 100만 부 가까이 팔려나갔습니다. 가짜 스님인 효봉 스님이 페이스북에서 선풍을 일으키는 일도 벌어졌습니다. 작가와 유명인들의 자기치유 에세이까지 가세해 베스트셀러 목록을 비소설이 완전히 장악해버렸습니다.

덕분에 소설은 사상 최악의 성적을 내놓고 있습니다. 2012년 출간된 소설 중에는 『완득이』 작가인 김려령의 『가시고백』이 유일하게 10만 부를 넘겼습니다. 이정명의 『별을 스치는 바람』(은행나무)이 5만 질(10만 부), 은희경의 『태연한 인생』(창비)이 5만 부를 넘긴 것이 그나마 괜찮은 성적입니다. 상반기에 드라마로 방영된 『해를 품은 달』(정은궐, 파란미디어)이 80만 부를 넘기는 등 박범신의 『은교』를 비롯한 영상화된 몇몇 소설이 주목을 받긴 했지만요.

올해 출간된 소설로는 E L 제임스의 '그레이의 50가지 그림자' 시리즈가 종이책으로 30만 부, 전자책으로 10만 부가 팔려나가 최고의 성적을 올렸습니다. 우리는 이 소설의 판매 결과를 주목할 필요가 있습니다. 그동안 종이책과 전자책이 동시에 출간된 책들은 어김없이 전자책의 판매량이 종이책의 1~2퍼센트에 머물렀습니다. 전 국민의 폭발적인 관심을 끌었던 『안철수의 생각』(김영사)까지 말입니다. 그런데 섹스 장면이 과다하게 노출되는 '그레이' 시리즈는 전자책의 시장성을 제대로 보여준 최초의 사례로 볼 수 있습니다.

인터넷 문화가 시작된 이래 소설은 인터넷과 긴밀한 호응을 통해 가능성을 열어보려고 분투했습니다. 그 결과가 이렇습니다. 앞으로 전자책 베스트셀러는 성적 판타지를 보여주는 책들로 도배가 될 것으로 보입니다. 이제야말로 소설적 상상력을 만들어내는 이들의 자각이 필요하지 않을까요.

2012. 11. 13

산에 걸려 죽는 사람은 없다

비정규직을 몇 년 떠돌다가 비록 2년 계약직일망정 그나마 안정된 직장에 다니던 27세의 여성이 유학을 떠났습니다. 그 여성은 이렇게 말했습니다. "근무시간이 지나서는 일하지 못하게 했고, 휴일도 생각보다 많았습니다. 처음에는 고급차를 끌고 가족여행을 다녀온 직장 상사들의 이야기를 들으면 너무나 부러웠습니다. 하지만 그게 아니었습니다. 부서장이 바뀌자 구조조정이 시작됐습니다. 최근의 실태를 파악해보니 실제적인 정년이 46세였습니다. 상황이 이러니 30대 후반의 직원들도 전전긍긍했습니다. 하지만 정년이 보장되는 일자리로의 이직이 어디 쉬운가요?"

그 여성의 말은 이어집니다. "결혼한 친구의 아이가 무척 예뻐서 나도 결혼해볼까 하는 생각을 해보았지만 내 인생은 이제 끝났다며 마구 울어대는 친구 때문에 포기했어요. 몇몇 친구들은 학자금 대출도 갚지 못해 허우적대고 있어요. 그래서 곰곰이 생각해보았지요."

그 여성의 해답은 남들이 선망하는 '10차선 도로'가 아니라 평생 자신이 걸을 수 있는 '오솔길'을 이제라도 찾겠다는 것이었습니다. 이 여성의 이야기를 사람들에게 해주자 남녀노소 가릴 것 없이 모두가 부러워했습니다.

1퍼센트를 제외한 모든 국민을 불안에 떨게 만든 총체적 난국의 이명박 정권은 이제 끝나갑니다. 진보적인 경제학자 김기원은 『한국의 진보를 비판한다』(창비)에서 "권모술수만 쓸 줄 알았지 올바른 길을 가겠다는 자세가 없는 이명박 정권" "'747'(매년 7퍼센트 성장, 10년 후 4만 달러 소득, 세계 7위 경제규모) 따위 장사치 수준의 헛공약을 주요 공약으로 내세울 만큼 비전을 결여했던" 이명박은 "이상 자체가 없는 인물"이라는 냉정한 평가를 내렸습니다.

저자는 이명박 정권이 도대체 뭘 잘했는지 머리에 떠오르지 않는다고 했습니다. 그는 불법사찰, 국책연구원의 자율성 훼손, 마음에 들지 않는 시민단체 탄압, 방송 장악, 미네르바 구속, 용산참사, 건설업자는 살찌게 했으되 나랏돈을 탕진하고 환경파괴의 우려를 낳은 4대강사업, 감세 정책, 양극화 심화, 전쟁의 위기까지 초래한 반실용적인 '비바람 정책' 등 이명박 정권의 실정을 일일이 열거했습니다. 이를 요약하면 민주주의 후퇴, 경제 위기의 심화, 남북관계의 파탄으로 정리됩니다.

그렇다면 이명박 정권이 '잃어버린 10년'이라고 표현한 김대중, 노무현 정권의 10년은 어땠을까요. 저는 그것을 알아보려고 김대중 평전인 『새벽』(김택근, 사계절)을 읽었습니다. 이 책은 8년 동안 '김대중 글 감옥'에서 분투한 이가 정리한 평전이라 잘 읽혔습니다. 우리도 이만한 평전을 갖게 되었구나, 하는 감동도 느꼈습니다. "김대중의 삶이 산인 줄 알았는데 실제로는 산맥이었다"는 고백에도 공감했습니다. 특히 햇볕정책을 제대로 펼치기 위해 노태우 정부 시절 남북기본합의서 채택을 이끌어낸 주역인 임동원이라는 인물을 영입한 대목은 감동적이었습니다. "평화통일을 말하면 그 순간부터 빨갱이가 되고, 민주화를 외치면 과격분자가 되고, 정치하겠다면 거짓말쟁이가 되는 야만의 세월을 의연히 버텨 온 그(김대중)가 바로 내 앞에 앉아 있었다"고 고백하는 임동원을 인재로 알고 끌어들인 '삼고초려'는 "한반도를 바꾸는 대단한 사건"이 맞습니다. 이 나라의 지도자들이 이런 사건만 저질렀다면 얼마나 좋았겠습니까.

준비된 대통령으로서 김대중 대통령은 햇볕정책 하나만으로도 역사에 길이 평가받을 것입니다. 그도 2009년 2월 23일의 일기에서 이명박 정권의 실정을 "반민주, 반국민경제, 반통일"로 요약하고 있습니다. 1년밖에 지나지 않은 정권의 말로를 정확하게 내다본 역대 최고의 경륜을 지닌 정치인의 혜안이 돋보입니다.

그러나 작은 돌부리에 걸려 넘어져 죽는 사람은 있어도 산에 걸려 죽은 사람은 아직 없습니다. 품은 이상이 아무리 높고 커도 결국은 사소한 사건에 걸려 넘어지는 것 아니겠습니까. "정치인은 교도소 담장 위를 걸어다니는 사람"이라는 것을 인정하더라도 김대중 대통령의 측근비리와 가족비리라는 돌부리가 결국은 거대한 산의 존재를 잊게 만드는 것 아니겠습니까.

『한국의 진보를 비판한다』는 노무현 정권과 개혁진보진영에 대한 쓴소리를 마음껏 늘어놓고 그에 대한 대안을 제시한 책입니다. 열정과 감동으로 치면 노무현 대통령만한 인물이 어디 있을까요? 하지만 대연정 제안과 기자실 파동, 대북송금 특검 수용, 이라크 파병, 한·미 FTA 추진, 인사정책의 부실 등은 결국 그의 발목을 잡았습니다. 저자는 노무현 정권의 정치력 부재는 '선거 시기'와 '통치 시기'의 같은 점과 다른 점을 제대로 분별하지 못한 잘못이 크다고 말합니다.

김대중과 노무현의 산은 높았습니다. 그들의 꿈과 이상을 어찌 "이상 자체가 없는" 이명박과 비교할 수 있겠습니까. 하지만 그들이 산이 아닌 돌부리에 걸려 넘어지는 바람에 이명박이라는 치욕적인 역주행을 낳았습니다. 그 바람에 이 땅의 젊은이들을 비롯한 모든 세대가 "고단함, 억울함, 불안함"에서 헤어나지 못하고 있습니다. 이 분명한 사실을 집권을 꿈꾸는 진보진영이 명심, 또 명심해야 하지 않을까요.

2012. 9. 12

기술이 가져온 끔찍한 디스토피아

조지 오웰의 디스토피아 소설 『1984』를 다시 읽었습니다. 가상의 전체국가인 오세아니아를 지배하는 '빅 브라더'는 독재권력의 극대화를 꾀하면서 정치권력을 항구적으로 유지하기 위해 텔레스크린, 마이크로폰, 사상경찰, 스파이단 등을 이용해 철저한 사상통제를 자행합니다. 방, 거리, 광장 등에 설치되어 있는 텔레스크린과 산이나 야외에 숨겨져 있는 마이크로폰은 시민의 모든 행동을 철저하게 감시합니다. 어린이로 조직된 스파이단은 부모의 대화나 행동, 심지어 잠꼬대까지 엿듣고 사상경찰에 고발하도록 훈련받습니다.

오세아니아의 통치주체는 '당'입니다. 만능인 '당'이 말하는 것은 무조건 진실이며 사실입니다. 당은 과거의 사실을 끊임없이 날조하고, 새로운 언어마저 만들어 생각과 행동을 속박합니다. 개인은 당이 말하면 것은 무조건 받아들여야 합니다. 당이 2+2는 4가 아니라 5라 해도 말입니다. 그걸 '이중사고'라고 하지요. 심지어 당은 인간의 성욕마저 통제합니다.

조지 오웰이 1949년에 발표한 『1984』는 국내에는 1968년에 출간되었지만 별 반응을 얻지 못했습니다. 그러다가 1984년이 가까워지면서 언론에 스탈린과 히틀러 시대 이상의 전체주의가 1984년을 지배한다는 조지 오웰의 예언이 한국의 정치 상황에 맞아떨어진다는 기사가 자주 게재되면서 판매가 급증해 베스트셀러에 올랐지요. 광주를 피바다로 만들고 집권한 '5공 정부'를 『1984』의 '당'과 다름없다고 본 것은 틀린 지적이 아니었던 것 같습니다.

지금은 어떨까요. 2012년 연말 대선의 지지율 선두를 달리는 박근혜 씨는 항구적인 권력을 추구한 아버지의 쿠데타가 정당하다며 역사 왜곡을 꾀했습니다. 이명박 정권도 민간인 사찰을 광범위하게 저질렀습니다. 하지만 '5공 정부'에 비하면 약과입니다. 소셜미디어가 일반화된 지금 그런 통제는 저항만 불러일으킬 뿐입니다. 그리고 아무리 폭압적인 정권이라 해도 정치권력은 집권기간이 한정되어 있습니다.

하지만 자본권력이 국가권력을 지배하는 시대입니다. 자본권력이야말로 항구적인 권력을 추구합니다. 국내 최고의 한 기업은 노동조합의 설립을 결코 허용하지 않습니다. 직원들이 백혈병으로 줄줄이 죽어가도 산업재해를 인정해주지 않습니다. 그러면서도 기업의 홍보를 위해 언론인을 끊임없이 영입하고 있습니다. 대형로펌인 김앤장의 변호사가 160명에 불과하지만 이 기업에는 변호사가 700명이나 활동하고 있답니다. 지적재산권 문제가 첨예한 시대이긴 해도 과연 700여 명 모두 그런 분야의 전문가인지는 확인이 필요할 것입니다. 이런 기업이 과연 오세아니아의 '당'보다 선하다고 말할 수 있을까요.

『감시사회』(한홍구 외, 철수와영희)에서 컴퓨터공학을 전공한 최철웅은 기업들의 상업적 이익을 추구하기 위해 구축한 '상업적 감시' 체제가 벌이는 일은 우리의 상상을 훨씬 뛰어넘을 수도 있다고 경고합니다. 은행, 보험회사, 자동차 회사, 대형마트, 휴대전화 회사 등이 확보한 개인정보는 언제든 개인의 목을 옥죌 수 있습니다. 개인 정보의 '상품화' 시대가 되다 보니 개인이 사용하는 카드정보만 추적해도 개인의 일상을 간단하게 정리할 수 있어 상업적 감시의 위험이 갈수록 커지고 있다고 합니다. 보십시오. 새누리당의 '돈 공천 파문'도 내부의 고발이 있긴 했지만 '상업적 감시' 시스템 때문에 실체가 조금이나마 드러나고 있지 않습니까.

상업적 감시보다 더욱 무서운 것은 '기술적 감시'입니다.

폐쇄회로(CC)TV는 텔레스크린의 수준으로 진화하고 있습니다. 구글이나 페이스북은 언제든 자사가 확보한 데이터베이스를 활용해 개인의 성향을 속속들이 파악할 수 있습니다. 이제 인간은 푸코가 창안한 개념인 파놉티콘에 갇힌 처지로 전락했습니다.

일망감시체제를 갖춘 원형감옥인 파놉티콘에서는 간수는 보면서 보이지 않지만, 수인은 볼 수 없으면서 일방적인 보임만 당합니다. 수인은 간수가 보지 않고 있어도 간수의 눈 또는 권력의 시선을 통해 내면화할 수밖에 없습니다. 물론 인터넷의 익명성이 누리꾼들의 조사로 권력자들을 감시하는 시놉티콘이 가능해지긴 했지만 그런 순기능보다 개인이 트위터, 블로그, 페이스북 등의 소셜미디어를 통한 사생활 노출로 인한 자발적인 감시체제로의 편입이라는 역기능이 더 큽니다.

원래 정보기술은 돈과 정보의 민주화와 균형 있는 욕망의 해방을 가져올 것으로 예측됐습니다. 그러나 현실은 대기업에 의한 돈과 정보의 독점과 쾌락의 끝없는 중독만 확산되고 있습니다. 정보기술은 관련 분야의 숙련노동자를 소프트웨어로 대체하고 있어 '고용 없는 성장'을 낳고 있습니다.

국가권력기관들은 대기업의 수하에 놓인 것이나 마찬가

지입니다. 이제 우리는 '고용 없는 성장'에 시달리면서 자신의 일거수일투족이 대기업의 상업적인 기술적 감시의 노예가 되는 처지로 전락했습니다. 이것이야말로 끔찍한 디스토피아입니다. 『1984』의 '당'을 대기업으로 치환하면 우리의 미래는 이렇게 끔찍합니다. 이제 우리는 어떻게 저항해야 할까요.

2012. 8. 13

‘교양 경제’에서 ‘삶의 경제’로

한국 우파의 대표적 논객을 자처하는 공병호 박사가 『10년 후, 한국』(해냄)을 펴낸 것은 노무현 전 대통령이 ‘탄핵 공백’에서 복귀한 직후인 2004년 6월이었습니다. 그가 흔들리는 주력 산업, 해외로 떠나는 기업들, 사라지는 일자리, 희망 없는 교육, 악화되는 재정적자, 감정으로 치닫는 대미 외교, 시대를 거스르는 민족주의, 해외로 빠져나가는 돈, 한국 경제를 뒤흔드는 차이나 쇼크, 깊어가는 세대 갈등 등 한국 사회가 안고 있는 16가지 문제점을 제시하며 이대로 가다가는 10년 뒤에 한국 경제는 완전히 추락한다고 경고하자 보수 언론은 기다렸다는 듯이 공 박사의 견해를 대서특필했습니다.

좌파가 집권하면 “몰락하는 중산층과 증가하는 빈곤층”이라는 기형적인 구조를 피해갈 수 없다고 주장한 공 박사는 우리 경제를 살리려면 노동 시장을 유연화하고 재산권을 보장하며 부에 대한 위화감을 없애야 투자가 늘어나 경제도 발전하고 나아가 복지도 이뤄진다는 견해를 피력했습니다.

이후 '10년 후' 담론은 엄청난 유행을 탔습니다. 그뿐만 아니라 경제의 원칙과 기본을 제대로 배우자는 열풍이 불었습니다. 2005년 4월에 출간된 『블루오션 전략』(김위찬 외, 교보문고)은 경영전략서로는 최초로 종합 베스트셀러 1위에 오르며 밀리언셀러가 되었습니다. '블루오션'이란 차별화와 저비용을 통해 경쟁이 없는 새로운 시장을 말합니다. 이 책의 유행과 맞물려 『괴짜 경제학』(스티븐 레빗, 웅진지식하우스), 『서른살 경제학』(유병률, 인물과사상사) 등 경제 원칙을 내세우는 교양 경제서들이 인기를 끌었습니다. 2001년에 삶과 기업에 대한 철학을 담은 『CEO 안철수, 영혼이 있는 승부』를 펴낸 안철수가 『CEO 안철수, 지금 우리에게 필요한 것은』(이상 김영사)을 다시 펴낸 것도 바로 그즈음이었습니다.

2010년 11월에 출간된 장하준의 『그들이 말하지 않는 23가지』(부키)가 폭발적인 반응을 몰고 온 이후 다시 경제가 화두입니다. 이명박 정부를 "민주화 이후 사상 최악의 불량 정부", 이명박 대통령을 "건설족의 수괴"로 부르는 자칭 서민 경제전문가 선대인은 『문제는 경제다』(웅진지식하우스)를 내놓으며 "어쩌다 이 지경에 이르렀는가" 하고 한탄합니다. 그는 "소득격차와 자산격차, 재벌 총력 지원 체제와 중소기업의 몰락, 과도한 토건개발 사업과 부동산 거품, 노동(사람값)에 대한 멸시와 냉대, 극단적인 수출지상주의, 경제적 강자에게는 한없이 관대하지만 약자에게는 한없이 가혹한 경쟁의 이중 구조" 등 한국 경제를 위기로 치닫게 하는 불균형들을 제시합니다.

이제 양극화를 넘어 빈곤화로 치닫고 있음을 적시한 그는 "민주화 이후 정권 교체는 해봤어도 재벌과 토건으로 표상되는 경제권력 교체에는 단 한 번도 성공하지 못했다"고 말합니다. 사실 우리가 이 지경에 이른 것은 '삼성공화국'이나 '토건국가'에 의해 오랫동안 지배당했기 때문이라는 것이지요. IMF 외환위기 때만 해도 비틀거리던 이 나라의 재벌들은 불과 10년 만에 '글로벌 기업'으로 거듭났습니다. 선대인은 한국 경제의 핵심 가운데 핵심은 "재벌 독식체제와 부동산 거품–가계 부채 폭탄"이라고 단언합니다.

'그나마 재벌 때문에 먹고사는 것 아니냐', '재벌이 무너지면 한국 경제가 흔들리는 것 아니냐'는 왜곡된 인식은 "재벌의 광고에 목을 매는 기득권 신문이 재벌을 옹호하기 위해 만들어낸 이데올로기"에 불과하다네요. 그는 한국의 산업 생태계는 재벌독식 체제에 질식해 활력을 잃고 있다고 말합니다. "미국에서는 마이크로소프트부터 애플, 구글, 아마존에 이르기까지 학교 기숙사나 집 안의 주차장에서 시작한 벤처들이 세계를 호령하는 기업으로 성장할 수" 있었지만 우리는 재벌독점 체제가 벤처의 아이템을 가로채고 있기에 결코 그런 일이 벌어지지 않는다는 것이지요.

일간지 기자로 일하다가 '착한 기업과 좋은 경영'의 중요성을 깨닫고 뒤늦게 공부를 하고 연구소를 세운 이원재가 『이상한 나라의 경제학』(어크로스)에서 보여주는 한국 경제의 현실 진단도 선대인과 비슷합니다. 2000년대의 첫 10년 동안 우리나라 상위 2,000개 기업 매출이 2.1배로 느는 동안 일자리는 2.8퍼센트만 늘었습니다. 재벌들의 탐욕이 하늘을 찔렀지만 결국 '고용 없는 성장'에 불과했습니다. 탐욕과 경쟁을 통해 치열하게 얻어낸 성장이었지만 과실은 1퍼센트 계층에게만 집중되었습니다. 그래서 인간의 탐욕에 기초한 시장 원리가 세상을 더욱 좋은 곳으로 만들 것이라는 믿음이 무너지고 있습니다. 탐욕은 성장의 동력이 아니라 파산의 원인으로 지목되고 있습니다.

그는 이제 "1명의 경제를 위해 99명이 함께 춤을 추던 이상한 파티", 즉 "인간이 이기심에 기초해 경쟁을 벌이는 정글"로 경제를 바라보는 '시장만능주의'와 작별하고 새로운 상식을 구축하자고 외칩니다. 이타성과 호혜주의에 입각한 '삶의 경제' 말입니다. "사회문제를 해결하기 위해서, 성장하는 것이 아니라 적절히 유지하기 위해서, 자신이 아니라 공동체의 이익을 위해서 벌이는 경제활동"을 하자는 것이지요.

"재벌기업처럼 탐욕스러운 성공이 아니라, 적절한 범위에서의 상식적 성공이 가능하다는 것을 보여준" 안철수에게 많은 이들이 열광했던 것은 탐욕으로 몸과 마음이 지친 사람들이 새로운 위안처를 찾은 결과랍니다. 그는 착한 소비, 윤리적 소비, 사회적 기업, 협동조합, 사회 책임 경영 등에서 희망을 찾고 있습니다. 어떻습니까. 새로운 프레임을 한번 짜보시겠습니까.

2012. 3. 7

아이들을 살리는 최선의 방법

2011년 연말 일본의 한 서점에 들렀더니 특집 제목이 '잘 가라! 스킬업 교교教'인 시사잡지가 한눈에 들어왔습니다. 우리는 스킬업 대신 스펙이라는 단어를 즐겨 쓰니 아마 우리 잡지라면 '굿바이 스펙!'으로 제목을 붙였겠지요. 일본에서도 1990년대 이후 취업을 위해 자격증을 따려는 사람들이 급증하는 바람에 스펙 열풍이 대단했답니다. 특히 영어, IT, 회계는 비즈니스맨들의 '3종의 신기神器'로 압도적인 인기를 누렸지만 이제 그것은 '노예의 학문'으로 전락하고 있답니다. 그렇다면 스펙의 대안은 무엇일까요? 그 특집은 '교양'이라고 대답합니다. 교양은 인간성과 상상력을 동시에 키운다면서 170권의 책까지 추천하고 있었습니다.

2011년 말부터 2012년 초까지 경향신문이 '10대가 아프다' 특집을 대대적으로 실은 바 있습니다. 학교폭력이 심각해져서 아이들의 자살이 늘어난다고 합니다. 자살한 아이의 부모들은 아이가 단 한 번이라도 힘들다는 말을 해주었으면 하고 아쉬워합니다. 왜 아이들은 말을 잃어버렸을까요. 사람은 언어로 사회를 인식하고 사람을 움직입니다. 아리스토텔레스의 등장 이후 논리학이나 수사학이 중요하지 않은 적이 단 한 순간도 없었지만 우리는 아이들에게 언어를 제대로 다루는 법을 가르친 적이 있었나요.

태어나자마자 영어부터 가르치려들다 보니 언어로 의사 표현하는 방법을 아예 깨우치지 못한 것은 아닐까요. 역사도 그렇습니다. 역사책을 읽어서 메타포나 아날로지를 이해한다면 미래를 예측하는 능력을 키웠을 것입니다. 그러나 이명박 정권은 역사의 왜곡을 시도하는 데나 급급했습니다. 무엇보다 지금 청소년들은 '일제고사'가 상징하는 바대로 성적으로 줄 세우는 현실의 중압감에서 벗어나지 못하고 있습니다. 그러니 10대가 아프지 않게 하려면 보다 근원적인 대책이 필요합니다.

데이비드 브룩스는 『소셜 애니멀』(흐름출판)에서 유년기, 청년기, 성인기, 노년기의 네 단계에 불과했던 삶의 단계가 유년기, 청년기, 오디세이기, 성인기, 활발한 은퇴생활기, 노년기의 여섯 단계로 늘어났다고 말합니다. 오디세이기는 청년기와 성인기 사이의 방황하는 10년을 말합니다. 20대 내내 이력서를 들고 취업하느라 여념이 없으니 맞는 말 같습니다. 성인기의 특성은 부모 집에서 나와 독립하고, 결혼하고, 가정을 꾸리고, 재정적으로 독립하는 것이랍니다. 그런 일이 과연 잘 이뤄지고 있나요. 서른이 넘어서도 방황하고 마흔이 되어서야 겨우 세상 공부를 해보자고 나섭니다. 2012년 55세인 '58년 개띠'가 정년을 맞이했는데, 이 베이비붐 세대의 때 이른 은퇴가 사회적 화두로 떠올랐습니다. 이렇게 전 세대가 불안감에 떨고 있으니 10대가 저만 아프다고 말할 기회조차 얻지 못하는 것은 아닐까요.

『2020년, 일본이 파탄 나는 날』의 저자인 오쿠로 가스마사는 『일본의 논점 2012』에 발표한 "사회보장의 세대 간 격차는, '사전적립'을 도입하는 것으로 해결 가능하다"라는 글에서 사회보장의 세대 간 격차가 매우 심각함을 알려줍니다. 국민이 평생 동안 정부에 얼마만큼의 부담을 지고, 정부로부터 얼마만큼의 수익을 얻는지를 '세대회계'로 계산해보면 2005년 기준으로 '60세 이상'(1945년생 이전)과 '미래세대'(1986년생 이후, 20세 미만 모두 포함)의 사회보장에 대한 세대 간 격차는 1세대당 약 1억 2,000만 엔에 이른다는군요. 60세 이상은 3,962만 엔의 이득(수익초과)을 얻지만 미래세대는 8,309만 엔이나 손해(지불 초과)를 본답니다. 보통 샐러리맨의 평생임금이 2억 엔이니 평생임금의 약 60퍼센트나 격차가 벌어진다는 것이지요. 따라서 사전에 보험료율을 대폭 올려 미래세대의 부담을 줄여놓아야 한다는 것입니다.

우리나라의 재정적자 규모는 상대적으로 양호하다지만 심리적 압박감은 일본과 비슷하지 않을까 싶습니다. 더구나 우리는 대기업 의존도가 심각합니다. 삼성, 현대자동차, SK, LG 등이 글로벌 기업으로 도약한 것은 기쁜 일이지만, 이 4대 그룹의 합계 매출액(2010년 기준)은 608조 원으로 국내총생산(GDP) 1,173조 원의 51.8퍼센트나 차지합니다. 특히 삼성은 260조 원으로 22.2퍼센트나 차지합니다. 이명박 정부는 대기업의 매출을 올려주는 데는 헌신했지만 서민경제는 박살냈습니다.

영세 자영업자들이 망하는 바람에 마을공동체와 수많은 가정과 학교가 무너졌습니다. 현장 교사들은 폭력, 흡연, 음주 등으로 죽어가는 아이들을 살리는 시급한 일 때문에 정작 중요한 일은 시도조차 하지 못하고 있답니다. 저는 세상이 아무리 험악해도 아이들이 스스로 문제를 해결하는 능력은 독서로 키워진다고 생각합니다. 이명박 정부가 '일제고사'를 도입할 때 저는 아이들을 모두 죽이는 것을 볼 수 없어서 월간지 〈학교도서관저널〉을 창간해 지난 2년 동안 열심히 펴냈습니다.

정보화 시대에 인간은 컴퓨터를 이기는 능력이 필요합니다. 인간은 기억력, 정보력, 정리력 등에서 컴퓨터를 이겨낼 수 없지만 창의력만큼은 컴퓨터를 이길 수 있습니다. 창의력은 책을 읽는 가운데 배양됩니다. 그러나 책은 혼자 읽는 것보다 함께 읽는 것이 중요합니다. 함께 읽어온 것이 바로 학문의 역사 아닌가요. 때마침 올해는 현장 교사들이 10만 개의 책 읽는 소모임을 만들어 대대적인 책 읽기 운동을 벌이겠다고 하네요.

와타나베 쇼이치의 『지적으로 나이 드는 법』(위즈덤하우스)에는 에도시대의 유학자인 사토 잇사이가 말했다는 흥미로운 명언이 나옵니다. "청년에 배우면 장년에 큰일을 도모한다. 장년에 배우면 노년에 쇠하지 않는다. 노년에 배우면 죽더라도 썩지 않는다." 어떻습니까? 올해가 '국민독서의 해'이기도 하니 우리 함께 책을 읽어보지 않으시렵니까.

2012. 1. 18

교육 불가능의 시대

한때 인기를 끌었던 〈개그콘서트〉의 '사마귀 유치원'에서는 얼마 전 대기업에 입사하려면 어떻게 해야 하는가를 다뤘습니다. 한 출연자는 "대기업에 들어가는 것은 어렵지 않다"고 말문을 연 뒤 "여러분이 대기업에 들어가려면 고등학교 졸업 후 이름만 대면 아는 우리나라 3대 대학 중에 하나만 가면 된다"고 말했습니다. 하나도 아니고 셋이나 되니 매우 쉽다고 말합니다. 이후 학비를 벌기 위한 고단한 노동과 스펙 쌓기 열풍, 성형수술까지 해야 하는 외모지상주의에 빠진 현실 등을 아프게 풍자했습니다. 이 프로그램에서 제시한 대기업에 취직할 수 있는 가장 쉽고 편한 길은 사장님 아들로 태어나는 것입니다.

정말 '스카이'라 불리는 세 대학만 나오면 대기업에 취직해 죽을 때까지 호가호위하며 잘살 수 있을까요. 이미 대기업은 국내 대학 출신보다 외국 대학 출신을 선호하고 있습니다. 저는 2000년대 초반에 국내 굴지의 한 대기업 인사 부장으로부터 미국 동부지역에서 한 달 만에 400명의 신입 사원을 구했다는 무용담을 들은 적이 있습니다. 며칠 뒤에는 그게 그 당시 거의 모든 대기업의 행태라는 사실도 알았습니다. 그런 행태가 공교육을 붕괴시킨다는 지적을 해야 하는 사람마저도 '기러기'나 '갈매기' 부모까지 되어가며 아이들을 외국에 내보내기 바빴습니다.

그 결과 우리 교육은 어떻게 변했나요. 취업하기 위한 방편으로써의 대학은 사실상 몰락했습니다. 전 국민의 비정규직화가 추진되는 마당에 일류대 졸업장도 무용지물에 가깝습니다. 그나마 안정적인 일자리라는 9급 공무원은 100 대 1, 중등학교 교사는 대학입시에서 최상위권에 속하는 사범대학교를 졸업한 우수한 자원들이 수십 대 1이 넘는 살인적인 경쟁을 통과해야만 합니다.

『교육 불가능의 시대』(오늘의교육 편집위원회, 교육공동체 벗)는 초등학교, 중학교, 전문계고를 비롯한 거의 모든 학교에서 벌어지는 처참한 교육 현실을 고발하고 있습니다. 한마디로 이제 학교는 '의미 없는 공간'으로, '교육 불가능의 공간'으로 전락해가고 있다는 것이지요. 상황이 이러함에도 "뒤처지면 곧장 먹잇감이 되는 이 정글 같은 세상에서 그나마 뒤처지지 않게 하려고 부모는 아이를 학원에 보내야 했고, 그 학원에 다닐 비용을 대기 위해 더 많이 일해야 했고, 그래서 더더욱 아이들과 함께 지낼 수 없는" 악순환이 계속되고 있지만 우리는 이 잘못된 구조를 바꾸려는 시도는 거의 하지 못하고 그 구조에서 헤어나기에만 급급했습니다.

일제고사를 도입하는 등 교육시장화 정책을 더욱 강화한 이명박 정부는 특권층들의 계층적 이익을 교육을 통해서 제도화하려는 일관된 흐름을 제대로 보여줬습니다. 그들은 교육을 개인의 문제로 환원시켜 버렸습니다. 그러니 학생 개인의 학력은 '가족 책임'으로 귀착됩니다. 아이의 매니저가 되어버린 엄마는 "어린 자녀를 대신해서 네트워크를 동원하여 정보를 수집하고 평가하고 선택하는 교육 소비자이자 관리자"가 되어야 합니다. 이제 아이의 장례를 잘 치러주고서야 비로소 안심할 정도임에도 불구하고, 아이들을 지옥 같은 경쟁으로만 내몰았지 이를 고치려는 근본적인 생각을 하는 부모는 거의 없었습니다.

30대 교사 이계삼은 오늘날 학교 교육이 맞닥뜨린 교육 불가능을 솔직하게 인정하고 "근본으로 돌아가는 사유"가 필요하다고 말합니다. "그래도 학교는 희망이다"라는 어설픈 언사는 교육 불가능을 치유 불가능한 상태로 악화시키는 것에 기여할 뿐이라는 것이지요. 그는 "전혀 새로운 시선으로, 학교라는 공간을 재개념화해야 한다"고 말합니다. 그는 여러 대안을 내놓고 있습니다. 『앎과삶 시리즈 1 - 교육』(이계삼 외, 한국출판마케팅연구소)에서는 "교육이란 '섞이는 것'이라는 평범한 진리의 구축, 인문학과 육체노동, 공교육 학교로 제한된 우리의 교육적 상상력을 학교 바깥으로 확장하는 것" 등을 대안으로 제시했습니다.

『교육 불가능의 시대』에서는 "기도와 노동, 그리고 그것의 현대적인 번역인 인문학과 농업을 고민하자"고 주장했습니다. 이것을 달리 풀이하면 "인간의 품위를 지키는 방식, 살림살이를 혼자 힘으로 이끌어 갈 수 있을 독립 능력, 심미적 감수성, 지적 사고와 비판적 지성의 배양 따위"가 가능한 교육이랍니다. 그리고 "나도, 우리들 모두도 폐허 위에 있으면서 또한 출발선에 서 있다"는 말로 글을 끝맺습니다.

아이들로부터 "수업을 지배했다"는 칭찬을 듣기도 하며 30년 동안 학생들 모두를 천하보다도 귀한 하나의 생명으로 대하려고 노력해온 50대 교사 안준철은 이계삼의 글을 읽고 가슴이 짓눌리는 아픔을 느낍니다. 그가 이계삼에게 보낸 편지에는 이 시대에서 가르치는 것의 진정한 의미가 무엇인가에 대한 깊은 성찰이 들어있습니다. 나는 이계삼의 답장과 다른 교사 윤지형의 토론문을 함께 읽으면서 그들의 교육에 대한 깊은 애정을 느끼고 미래에 대한 희망을 되살릴 수 있었습니다.

오늘날 "병영, 감옥, 정글, 폐허, 심지어 아우슈비츠로 비유"되는 학교는 오로지 비정규직 산업예비군을 만들기에만 급급합니다. 하지만 이런 일도 곧 불가능해질 것 같습니다. 이계삼은 "10년만 더 지속되어 20대에서 40대까지 대부분 비정규직 노동자나 산업예비군으로 채워지고, 60대가 된 이들의 부모가 은퇴하게 된다면 한국 사회의 경제적 몰락과 공황 상태는 필연"이라고 말합니다.

그렇습니다. 이제 우리에게 그런 학교는 더 이상 필요 없습니다. 우리 모두 교육에 대한 '근본으로 돌아가는 사유'를 해야 할 때입니다. 내일은 서울시장 선거가 있는 날입니다. '무상급식' 때문에 갑자기 치러지는 보궐선거이지요. 학교 현장을 놓고 격렬한 논쟁을 벌이다가 비싼 세금을 들여 어쩔 수 없이 치르는 선거입니다. 이 또한 미래 교육을 위한 '근본으로 돌아가는 사유'로 삼아야 할 것입니다. 우리는 과연 어떤 선택을 해야 할까요.

2011. 10. 25

국어사전이 상상력을 키우는 것을 아시나요

동화작가 황선미의 『나쁜 어린이표』(웅진주니어)와 『마당을 나온 암탉』은 2011년 봄에 100만 부를 돌파했습니다. 아마도 황선미는 권정생 이후 문학성과 상품성을 동시에 구현한 최고의 작가가 아닐까 싶습니다.

작가의 첫 청소년 장편소설 『바람이 사는 꺽다리집』(사계절)에는 재미있는 대목이 나옵니다. 이 작품은 작가의 자전적 이야기라니 초등학교 4학년인 주인공 연재는 아마도 작가의 분신일 것입니다. 연재는 마을 사람들 중 유일하게 자신에게 친절했던 병직이 삼촌에게서 "세상의 것이 다 들어 있는" 작고 두꺼운 국어사전을 선물 받습니다. 이 사전은 연재가 교과서 말고 난생처음으로 갖게 된 책입니다. 연재는 사전을 학교에도 늘 가져갔습니다. 사전을 보고 있으면 별로 심심하지 않았습니다.

어느 날 연재는 아버지의 생일을 맞아 찾아온 삼촌이 너무 빈한한 살림살이를 보고 고생이 많다고 말하자, "보잘 것없는 삶이에요"라고 대꾸합니다. 어린아이의 대견한 대답에 깜짝 놀란 삼촌이 웃음을 터트리자, 연재는 '사전을 자꾸만 봐서 말하는 게 가끔 이상해지는데 이번에도 좀 그랬던가 보다'라고 생각합니다. 이것만 보아도 사전이 황선미를 큰 작가로 키웠다는 것을 유추해볼 수 있습니다.

사전을 많이 보면 어휘력이 늘어납니다. 이를 통해 상상력과 창의력이 키워지는 것이지요. 고은 시인은 1980년 계엄 당시 내란음모죄 등으로 20년형을 선고받고 창살마저 없는 독방에 '몸 하나로 놓여진 나'로 내던져집니다. "책 한 권 없고 글을 쓸 수 있는 종이와 펜이 없었던 시절, 들려오는 유언비어조차 하나 들리지 않던 시절, 세계와의 완전한 단절"을 경험합니다. 일반 교도소로 옮겨지자마자 12일간의 단식 끝에 국어사전 하나를 얻어내 읽고 또 읽고, 외우고 또 외웁니다. 그리고 자유인이 되자마자 『만인보』를 쏟아내기 시작합니다. 고은 시인은 사전으로 대단한 꿈을 꾼 것이지요.

요즘 백과사전을 비롯해 모든 사전이 사라지고 있습니다. 사람들의 손에 사전이 잡히는 모습을 보기가 쉽지 않습니다. 출판 편집자들도 사전을 잘 활용하지 않습니다. 선진국에는 저마다 특색이 있는 수십 종의 국어사전이 조금씩

차이가 있는 설명을 제공하여 상상력을 키워준다고 합니다. 그래서 사전은 그 나라의 출판 수준을 가늠한다고 말하지요. 그러나 인터넷 등장 이후 잘게 쪼개진 파트워크형 정보를 담은 종이책은 웹으로 장소를 옮겨가기 시작했습니다. 휴대전화로 검색하는 바람에 전자사전마저 무용지물이 되고 있습니다. 그 바람에 사전 생산 시스템은 처절하게 파괴되고 있습니다. 이게 과연 옳은 일일까요.

저는 수많은 책을 읽고 서평을 씁니다. 일로써 책을 읽고 서평을 쓰다 보니 무척 힘듭니다. 열심히 읽었지만 내용을 간략하게 요약하며 책의 의미를 부여하기가 쉽지 않습니다. 그럴 때 저는 사전을 찾아보곤 합니다. 가령 최저임금에도 못 미치는 임금을 받으며 인간 대접을 받지 못하는 노동자들의 삶을 보여주는 『4천원 인생』(안수찬 외, 한겨레출판)이라는 책을 읽고는 노동의 가치를 다시 생각해보아야 했습니다. 그때 저는 『사고의 용어사전』(나카야마 겐, 북바이북)을 찾았지요. 이 사전에는 '노동'이라는 항목이 없었습니다. 대신 '놀이'가 있었지요. 그 항목에서, 철학에서 노동의 의미를 처음으로 명확하게 규정한 헤겔이 "자연을 상대로 벌이는 인간의 노동이야말로 정신 또는 문화를 만들어낸다"고 말한 이후로 서구 자본주의 사회에서 노동은 신앙과 결합하며 절대적 가치로 발돋움했다는 것을 확인했습니다. 또 '기계'라는 항목도 읽었는데, 처음에 기계는 인간 노동의 보조수단에 불과했지만 이제 인간이 기계의 부속품으로 전락한 것이 아닌가, 하는 생각이 들었습니다.

하긴 요즘은 '사전형 책'이 많이 늘어나고 있습니다. 물론 최근의 사전형 책들은 기계적인 설명이 아니라 한 개념이 다른 여러 개념과 유기적으로 연결되는 하이퍼텍스트가 많습니다. 해당 분야에 대한 해박한 지식을 두루 갖추고 이야기로 술술 풀어나간 책들이지요. 일방적으로 암기를 강요하지 않고 사유를 열어둬 독자에게 자신의 생각을 거기에 더하고 싶은 충동이 일어나게 만듭니다. 정보가 폭발적으로 증가하던 시기에는 압축하고, 요약하고, 하나의 카테고리에 꿰고, 자기만의 주관적 해석을 덧붙이는 사전이 등장하곤 했습니다. 1751~1772년에 디드로 등이 감수해 펴낸 『백과전서』나 1614년에 이수광이 편찬한 우리나라 최초의 백과사전적인 『지봉유설』이 대표적이지요.

하여튼 인터넷 시대에도 종이책 사전은 매우 중요합니다. 특히 고은 시인이 주도하여 남북이 함께 만드는 『겨레말큰사전』은 꼭 완성되어야 합니다. 남북이 언어의 이질성을 극복하고 진정한 하나의 나라가 되려면 이 사전작업만큼 중요한 일은 없어 보입니다. 그런데도 이명박 정권은 이 사전 만드는 예산을 대폭 삭감해버려 지금 작업이 좌초 위기에 빠져 있습니다. 당국자들의 빠른 인식 전환이 필요합니다.

칠순을 앞두고 있는 철학자 윤구병은 대학교 1학년 때 학교도서관에서 한글학회가 편찬한 『우리말큰사전』을 매일 30분씩 읽으며 토박이 우리말 용례 카드를 만들었습니다. 그 카드를 작가 김성동에게 빌려주었다가 20년 만에 되찾았습니다. 그 카드가 밑거름이 되어 윤구병의 50년 꿈인 『보리국어사전』(토박이 사전 편찬실, 보리)이 탄생했습니다. 이 사전에는 2,400점의 세밀화도 들어 있어 아이들이 눈으로 보기에 안성맞춤입니다.

다가오는 졸업과 입학 시즌에 아이들에게 이 사전을 한 권씩 선물해보는 것은 어떨까요.

2011. 1. 10

정독도서관을 미술·디자인 도서관으로

중국 베이징 시내에 있는 다산쯔大山子 798 문화예술구에 가본 적이 있나요? 저는 2007년 1월에 친구와 함께 간 적이 있습니다. 옛 군수공장 건물을 있는 그대로 갤러리로 활용하고 있는데, 공장 굴뚝이나 가스관이 그대로 있는데도 하나도 어색하지 않더군요. 한나절 동안 중국 예술인들의 예술작품을 두루 둘러볼 수 있었습니다. 관람객의 절반쯤은 서양 사람인 것 같았어요. 따뜻한 봄날에는 가난한 예술인들이 거리에서 자신의 작품 한두 점을 들고 나와 자신이 살아있다는 시위를 벌이는데, 그게 장관이라더군요.

다산쯔에 다녀온 후 이제는 세계적인 작가 반열에 올라선 한 유명 사진가의 작업실에서 여러 사람과 담소를 나누던 저는 참석자들에게 다산쯔 이야기를 했습니다. 제 이야기를 들은 사진가는 동두천 미군기지를 다산쯔 같은 예술인촌으로 만들면 어떠냐는 제안을 했지요. 세계 유일의 분단국 모습을 그대로 드러내는 비무장지대(DMZ)가 가까이 있으니 세계 예술인들의 발걸음을 잦게 만들 수 있지 않겠느냐는 아이디어를 내놓았습니다. 그렇게만 된다면 그 사진가는 아예 그 마을에서 살겠다고 했습니다. 참석자 모두가 머리를 끄덕였습니다. 마침 그 자리에는 한 관료가 있어 당장 알아보겠다고 했지요.

나중에 그 관리가 알아본 바로는, 그 미군기지는 헐어서 아파트를 짓기로 이미 결정되어 있었다고 하더군요. 새마을운동을 '뉴타운'이라는 영어로 이름만 바꾸었을 뿐이지 이 땅에는 오로지 부동산으로 재산을 증식하려는 욕망만 일관되게 이어져 왔다는 생각에 가슴이 무척 답답했습니다.

그런 일이 있은 후 헤이리 예술인 마을은 생산자가 아닌 소비자의 도시로만 여겨졌습니다. 파주출판도시도 잘못 설계되었다는 것이 보이기 시작했지요. 남북을 가르는 철책선 너머로 북녘이 바로 보이는 파주출판도시는 처음에는 각 건물마다 전시관, 공연장, 박물관 등을 다양하게 구비할 계획이었지요. 그런 공간에서 저자와 편집자와 독자가 함께 어울려 문화를 즐기다보면 상상력과 아이디어가 넘칠 것이라는 생각이 들었습니다.

하지만 그런 계획은 흐지부지되고 말았습니다. 간헐적으로 공연과 행사가 있지만 밤에는 죽은 도시처럼 조용할 뿐입니다. 궁지에 몰린 출판도시의 설계자들은 도시의 빈 방이 늘어나자 한때 경기도지사의 협조를 얻어 조각가나 화가 같은 예술인들을 대거 유치한다는 계획을 세운 것으로 알고 있는데, 그게 실제로 이뤄졌다는 이야기는 들어보지 못했습니다.

언젠가 한 출판인과 이에 대한 이야기를 나누었는데, 그 출판인은 기발한 아이디어를 내놓았습니다. 옛 국군 기무사령부 터는 국립현대미술관 서울 분관으로 거듭나기로 예정되어 있습니다. 그러니 그 근처의 정독도서관을 전 세계에서 출간된 미술과 디자인 관련 서적을 모두 구비한 전문도서관으로 만들자는 것입니다. 지금 정독도서관은 공무원 시험을 준비하는 공시公試족이나 입시생이 주로 들락거리는 평범한 도서관과 크게 차이가 나지 않습니다. 그런 도서관을 새로 정비하고 주변의 정부 소유 건물이나 땅은 모두 예술과 관련된 장소로 리모델링하는 것입니다. 그렇게 해서 종묘가 있는 종로3가부터 인사동, 관철동, 삼청동, 평창동에 이르는 도시 일대를 예술마을로 확실하게 만드는 것입니다. 그렇게 되면 아마도 도서관 앞에는 미술과 디자인 전문서점이 먼저 줄줄이 열릴 것입니다. 주변 전시관에 들렀던 사람들은 다양한 관련 서적을 보기 위해 도서관에 들렀다가 집으로 돌아갈 때는 서점에서 자신이 도서관에서 보았던 책을 구입할 수도 있을 것입니다.

사람이 모이면 식당에는 반드시 들르겠지요. 예술인은 가난해도 미적 감각 이상으로 입맛도 까다롭게 마련이죠. 따라서 그 예술마을에는 그들을 위해 맛있는 술과 음식을 파는 식당이 즐비해질 것이고, 그저 맛있는 음식을 먹기 위해서라도 사람들이 우르르 몰려왔다가 인근의 전시장에서 그림 한 점이라도 더 보는 사람이 늘어날 것입니다.

그렇게 예술마을이 소문나면 한국을 찾는 외국인이라고 가만히 있을까요? 관광 명소로 자주 들르겠지요. 그러면서 우리 예술작품을 한두 점 사지 않을까요. 그리고 그들은 어느 날 상상력이 고갈되어 머리라도 쥐어뜯을 처지가 되면 새로운 아이디어를 짜내기 위해서라도 당장 비행기를 타고 인천공항으로 날아오지 않겠습니까. 그들은 점차 한국을 골프나 양궁, 쇼트트랙이나 태권도만 잘하는 것이 아니라 우수한 문화를 제대로 생산해내는 나라로 확실하게 기억하기 시작할 것입니다. 그렇게 우리 문화의 우수성을 확실하게 각인한 사람들이 50만 달러의 한국산 고급 자동차도 주저 없이 구입하게 되지 않을까요.

2011년 예산안 파동을 보며 저는 분통을 터트렸습니다. 망국의 '4대강'뿐만 아니라 여기저기에 마구잡이로 길을 뚫고 수익성도 없는 철도를 놓는 일에 엄청난 예산을 쏟아

부으려 하더군요. 그야말로 건설회사 출신이 대통령인 '토목공화국'이라는 것을 자랑하지 못해 안달이 난 사람들처럼 말이죠. 하지만 이 예술마을을 만드는 데는 그리 많은 예산이 들지 않을 것입니다. 오세훈 서울시장이 서울을 세계 디자인 수도로 만들겠다는 예산의 절반만 투입했어도 벌써 이뤄졌을지도 모릅니다. 하루빨리 이 꿈이 정말 이뤄졌으면 좋겠습니다.

2010. 12. 20

책명 찾아보기

한기호의 다독다독

2013년 11월 18일 1판 1쇄 인쇄
2013년 11월 29일 1판 1쇄 발행

지은이 —— 한기호
펴낸이 —— 한기호
편 집 —— 오효영 이은진 김세나
경영지원 —— 이하영
펴낸곳 —— 북바이북
출판등록 2009년 5월 12일 제313-2009-100호
주소 121-842 서울시 마포구 서교동 484-1 삼성빌딩 A동 2층
전화 02-336-5675 팩스 02-337-5347
이메일 kpm@kpm21.co.kr
홈페이지 www.kpm21.co.kr
인 쇄 —— 예림인쇄 전화 031-901-6495 팩스 031-901-6479
총 판 —— 송인서적 전화 031-950-0900 팩스 031-950-0955

ISBN 979-11-85400-01-3 03300

책값은 뒤표지에 있습니다.